本书由扬州大学出版基金资助

基于先秦哲学的精神文化符号学与自我管理

陈 中 ◎著

东南大学出版社
SOUTHEAST UNIVERSITY PRESS
·南京·

内 容 提 要

精神文化符号学植根于中国传统文化之深厚土壤，对我们的自我认知和认识、改造世界具有很大的价值。本书汲取了中国传统哲学的精髓，采用了中国传统文化中的诸多词汇，旨在构建一座跨越古今、连接东西的文化桥梁，以促进具有中国传统文化特质的精神文化符号学的建立，为探索自我管理提供全新视角，实现个人成长，促进社会进步。

图书在版编目（CIP）数据

基于先秦哲学的精神文化符号学与自我管理 / 陈中著. -- 南京：东南大学出版社，2024.12. -- ISBN 978-7-5766-1703-0

Ⅰ．C912.1

中国国家版本馆 CIP 数据核字第 2024VT6081 号

责任编辑：刘　坚（liu-jian@seu.edu.cn）　　责任校对：张万莹
封面设计：王　玥　　责任印制：周荣虎

基于先秦哲学的精神文化符号学与自我管理
Jiyu Xianqin Zhexue De Jingshen Wenhua Fuhaoxue Yu Ziwo Guanli

著　者	陈　中
出版发行	东南大学出版社
出 版 人	白云飞
社　　址	南京市四牌楼 2 号（邮编：210096　电话：025-83793330）
经　　销	全国各地新华书店
印　　刷	广东虎彩云印刷有限公司
开　　本	700mm×1000mm　1/16
印　　张	11.5
字　　数	220 千字
版　　次	2024 年 12 月第 1 版
印　　次	2024 年 12 月第 1 次印刷
书　　号	ISBN 978-7-5766-1703-0
定　　价	78.00 元

本社图书若有印装质量问题，请直接与营销部调换。电话（传真）：025 - 83791830

前言

符号学的发展迄今已大致呈现出四种模式：首先是索绪尔（Ferdinand de Saussure）的语言学模式，其关注语言的结构与功能；接着是皮尔斯（Charles Sanders Peirce）的逻辑-修辞学模式，它探讨了符号的意指过程；第三种模式是卡西尔（Ernst Cassirer）的文化符号论模式，强调符号与文化的关系；最后一种模式，由巴赫金（Mikhail Bakhtin）倡导，从形式研究文化起源，经洛特曼（Juri Lotman）等人发扬光大，这一模式融合了信息论、控制论、普利高津的耗散理论等多学科的智慧，构建起一个严谨而丰富的理论体系[1]。这些符号学模式沿着科学探索的路径，深入挖掘人类符号活动的深邃奥秘，致力于构建更加合理的符号系统结构。这一系列的研究与探索，无疑为人类符号活动的进步提供了强有力的推动。

自我管理理论乃是一种深层次的个体建构过程，它囊括了自我反省、目标设定与效能感的培养，以及个体行为的控制与优化。此理论坚信，个体拥有有效管理并塑造自身行为模式的能力。自我管理理论在教育和职业发展等多元领域得到广泛应用，为个体克服挑战、实现个人价值与社会价值提供了有力支持。在管理学领域中，彼得·德鲁克（Peter F. Drucker）对自我管理理论的系统完善产生了深远影响，使之成为管理学界备受瞩目的研究焦点。彼得·德鲁克认为，自我管理源于对个人优势、工作风格和学习偏好的深刻理解与实际运用，特别是在知识型工作中，自我管理对于现代专业人士的成长与发展具有举足轻重的作用。

虽然现代符号学和自我管理理论在人类文明的长河中属于较新的学科，但自人类诞生之初，符号活动与自我管理的实践便已伴随着人类的成长。从人类活动的角度来看，这两者都属于我们最悠久、最根本的实践活动。因此，研究符号活动和自我管理实践——这两种深深植根于人类古老历史中的行为，为我们提供了丰富的学术矿藏。通过跨学科的融合，我们不

---

[1] 赵毅衡. 符号学原理与推演[M]. 南京：南京大学出版社，2011：12-13.

仅能够更深入地理解人类如何通过符号构建和传达意义,还能够洞察个体如何有效地管理自己的行为和目标。这种结合,犹如一把钥匙,打开了探索人类行为奥秘和优化个人效能的新大门,促进了个人成长和社会发展。

符号学与自我管理理论的融合,极大地深化了对"自我"的认识。自古以来,"自我"的真正含义一直是东西方哲学探讨的核心问题,也是自我管理理论中无法回避的关键议题。随着符号学的发展,人类被赋予了"符号动物"这一特殊定义,被引领踏入了"符号自我"的学术领域。在这一理论视角下,"自我"实质上是由符号所构建的。通过将"自我"符号化,我们能够更加清晰地洞察"自我"的丰富维度和特性。这种理解不仅对"自我"的认知增添了新的维度,也让我们明白"自我"是一个永无止境的符号之旅。借助"符号自我",人们将更合理、有效地进行自我管理,从而在人生的旅途中不断前行。

精神文化符号学根植于中国传统文化之深厚土壤,具有很大的跨学科研究价值。中国传统文化源自博大精深的先秦哲学,其多元化和深刻性不仅为后世哲学的发展奠定了坚实的基础,更在东亚乃至世界文化的长河中留下了深远的影响。先秦哲学的思想精髓,如同文化的DNA,渗透进我们的思维和行为模式中,塑造着我们对自己和世界的理解。在这样的文化背景下,精神文化符号学与自我管理理论的结合,不仅成为个人发展的优化工具,更是一次对传统文化智慧的深刻致敬和传承。

本书采用了中国传统文化中的诸多词汇——"有无之境""三心合一""用心若镜""各正性命""能所观""道不可言""感而遂通""易之三义""转识成智"——作为衔接的纽带,旨在通过这些充满智慧的独特词汇,构建一座跨越古今、连接东西方文化的桥梁。这些专有词汇不仅有助于构建具有中国传统文化特质的精神文化符号学,而且有利于践行自我管理,为我们提供了一种全新的视角,让我们能够在现代生活的快节奏中,找到内心的宁静与平衡,实现个人的成长,促进社会进步。

本书共分为四讲,包含九大主要篇章。"四讲"内容依次为:精神文化符号学与自我管理、认知模式与自我管理、伦理与自我管理以及语言符号活动与自我管理。九大篇章以多维度的方式,深入探讨了符号学与自我管理的理论与实践。本书在内容上侧重于符号学的相关理论,因为从符号学的视角出发,能够深化对认知、伦理等领域的理解,进而自然地将这些理论应用于自我管理的实践中。

目录

第一讲　精神文化符号学与自我管理

第一章　"有无之境"：精神文化符号学与自我管理 …………… 003

第二讲　认知模式与自我管理

第二章　"三心合一"：精神文化符号学认知模式与中国传统文化中的"心知" ………………………………………………………… 020

第三章　"用心若镜"：精神文化符号学的认知模式与庄子的"吾丧我" ……………………………………………………………… 033

第四章　"能所观"："理性的直觉"的认知模式探索 ………… 046

第三讲　伦理与自我管理

第五章　"各正性命"：伦理符号学中"关爱生命"概念的反思 … 064

第六章　"道不可言"：文学伦理学批评的重释 ………………… 078

第四讲　语言符号活动与自我管理

第七章　"感而遂通"：符号表征的反向认知 …………… 097

第八章　"易之三义"：语言遮蔽性问题的探索 …………… 112

第九章　"转识成智"：返回存在的符号活动 …………… 127

附　录

附录一：反思与建构：关于精神文化符号学的几点设想 ………… 142

附录二：用心若镜与意义释放 …………… 154

附录三：彼得·德鲁克的自我管理理论 …………… 165

第一讲 精神文化符号学与自我管理

中国式的自我管理凝聚了两种并行而行的自我管理模式：一为"塑造自我"，另一则为"放下自我"。这两种模式彼此对立，又相辅相成，共同构筑了独具特色的中国式自我管理智慧。"塑造自我"指在广阔的天地之间探寻个体的定位，砥砺品德，提升能力，凭借坚定的意志与深邃的智慧绘制人生的壮丽图景；而"放下自我"则强调在宇宙的浩瀚背景下，放下执念，与自然和谐共生，体验与万物共鸣的至高境界。这两种模式共同绘制了一幅绚烂多姿的内在管理图景，深刻反映了中国文化的博大智慧。道家、儒家等学派的思想中均深刻体现了"塑造自我"与"放下自我"的融合。这些思想精髓不仅为我们提供了理解自我管理的独特视角，更为我们在现代社会中践行自我管理提供了宝贵的启示与指导。

精神文化符号学深深根植于先秦哲学的精髓之中，因此，在自我管理的领域，它鲜明地强调了"塑造自我"与"放下自我"的相辅相成。特别地，它对"放下自我"的重要性给予了高度的重视，因为在当前社会，人们普遍过于专注于"塑造自我"，这往往导致了一系列自我管理的困境。然而，需要明确的是，"放下自我"并非是对"自我"的摒弃，而是一种更为高级的"塑造自我"的方式。它倡导我们在超越狭隘的个人视角的过程中，实现更为深刻和全面的自我认知与自我提升。通过这种方式，我们才能够在人生的征途上，更好地平衡自我与外部世界的关系，从而实现更加有意义和价值的自我管理。

基于先秦哲学的精神文化符号学与自我管理

在第一章"'有无之境':精神文化符号学与自我管理"中,我们深入探讨了人类存在的两种状态:一种是主客体分离的状态,另一种是主客体融合的"天人合一"状态。在主客体分离的状态下,个体意识清晰地划定了"自我"与外部世界的界限,主体与客体、内在与外在各自独立,界限分明。而在主客体融合的"天人合一"状态中,人与宇宙、人与自然、人与生命融为一体,界限消失,和谐共生。这两种状态构成的"塑造自我"与"放下自我"("放空自我")相结合的自我管理模式如同两条交织的丝线,共同编织出一幅丰富多彩的生命之图。因为本讲寻觅符号学与自我管理之间的深刻联系,所以被置于本书的开篇,旨在开启一场关于意义构建与自我实现的智慧之旅。

本章的核心理念词是"有无之境",它源自古代智者们对"有"与"无"的深邃哲学探讨,体现了先哲们对宇宙和人生的深刻洞察。在中国传统文化中,"有"象征着丰富多彩的具体存在,包括物质世界中变幻莫测的形态和现象;而"无"则代表着无形无象、无边无际的宇宙本原,是万物生成与变化的根本。先哲们深信,"无"是"有"的源头和根基,"有"则是"无"的具体表现。"有无之境"描绘了一种"有"与"无"相互融合的境界,超越了对立,达到和谐统一的至高境界。通过领悟"有无之境",人们能够超越物质世界的表象,洞察宇宙的深层真理。在自我管理的实践中,"有无之境"也体现了一种生活态度和处世哲学。通过理解和体验"有无之境",人们能够在纷繁复杂的生活中寻找到内心的平衡,实现心灵的宁静与自在。

第一章
"有无之境"：精神文化符号学与自我管理
—— 彼得·德鲁克自我管理理论的反思

导　言：自我管理作为一种多学科综合实践，在彼得·德鲁克的管理学视野中，其内涵得到了深刻挖掘，提升了自我管理的效率。它不仅对个人发展和社会进步有着重要意义，也体现了深刻的生命哲学。然而，"自我"究竟是什么？德鲁克对此并未深入研究。20世纪中后期，随着各学科对符号学的重视，符号成了解析现象的关键。在符号学视角下，"自我"被视为一种符号，即"符号自我"，这一观点有助于人们更理性地进行自我管理。本章立足于精神文化符号学倡导的主体"有无之境"，从"有"与"无"两个维度对德鲁克的自我管理理论进行反思，旨在探索更合理的自我管理路径与方法。

彼得·德鲁克（Peter F. Drucker），这位被尊称为现代管理学之父的杰出思想者，在其著作《21世纪的管理挑战》中，对"自我管理（self-management）"这一概念进行了深度阐述。然而，"自我"究竟是什么？对于"自我"的本质，德鲁克却未过多涉猎，为后来的研究者留下了广阔的思考空间。德鲁克之所以未深入挖掘"自我"的深层本质，部分原因在于，"自我"的探究自古希腊时代起便是哲学领域中一个难以解开的谜题。德鲁克的主要关注点在于如何从管理学的视角提升企业的运作效率，因此，对"自我"的哲学深究并非他的主要研究对象。尽管如此，对于"自我"本质的探寻依然是自我管理理论中一个无法绕开的核心议题，甚至是自我管理研究的前提。

随着符号学的不断演进，人类对"自我"认知的深度和广度亦随之提升。恩斯特·卡西尔（Ernst Cassirer）在其著作《人论》中，提出了一个划时代的观点："我们应当将人定义为符号的动物（animal symbolicum），以取代传统的将人定义为理性的动物。"① 这一论断揭示了人类作为"符号的动物"的本质，引领我们进入了"符号自我"的理论领域。在这个框架下，"符号自我"不仅意味着"自我"能够运用符号，更表明"自我"本身就是由符号构成，"符号化的思维和符号化的行为是人类生活中最富代表性的特征"②，通过将"自我"符号化，我们得以更加清晰地认识到"自我"的多维度特性。

精神文化符号学由张杰等学者首先提出③。这一理论不仅植根于中国传统文化之沃土，更汲取了欧美符号学的丰富营养。它不仅深化了"符号自我"的概念，更拓展了主体的"有无之境"，为探索"自我"的奥秘开辟了一片新天地。我们期待这些研究能够为构建面向未来的人类自我管理模式提供有益的启示。

一、塑造自我："符号自我"的构建

彼得·德鲁克是管理学领域的大师，对有效的自我管理有着深刻的见解。他认为，要想在自我管理上达到卓越，个人必须深入探究并回答一系列至关重要的问题："我是谁？我的优势何在？我如何工作""我应归属于何处""我能做出何种贡献"④ 等。在这些问题中，德鲁克将"我是谁"置于首位，因为他深信，这是自我管理的核心所在，是个人必须首先面对和解决的根本问题。这个问题触及了个人的身份、价值观和目标等，是个人认知"自我"、塑造"自我"、实现"自我"潜能的起点。通过对这一问题的深思熟虑，个人才能够建立起清晰的自我形象，明确自己的定位，从而

---

① 卡西尔. 人论 [M]. 甘阳，译. 上海：上海译文出版社，2004：37.
② 卡西尔. 人论 [M]. 甘阳，译. 上海：上海译文出版社，2004：38.
③ 张杰，余红兵. 反思与建构：关于精神文化符号学的几点设想 [J]. 符号与传媒，2020，22（秋季号）：2-13.
④ 德鲁克. 21世纪的管理挑战 [M]. 朱雁斌，译. 北京：机械工业出版社，2006：145.

第一章 "有无之境":精神文化符号学与自我管理

在复杂多变的社会环境中找到自己的方向,发挥自己的独特优势。然而,德鲁克提出的"我是谁"仅仅是在要求每个人在自我管理时要认清自己,并没有上升至普遍意义的层面。关于"自我"究竟是什么,德鲁克尚未从理论上进一步加以阐释。

符号学理论中,"自我"被视为一个充满活力的符号体系。符号学家赵毅衡提出了"符号自我的纵向与横向位移"[①] 模型,引领我们深入探索"自我"的本质。这一模型对于理解"自我是什么"至关重要,因为它揭示了"自我"在时间与空间中的流动与变化,让我们对"自我"有了更加动态和全面的认识。

首先,在横向维度上,"自我"是"过去的我"与"未来的我"互动中的所指与能指关系。人们总是处于对过去的反思与对未来的预期之中。正如赵毅衡教授所言:"当人沉思自我时,便构建了符号自我;过往的我是这一符号的所指,未来的我则成为其能指,随着时间的推移,能指将演变成为新的自我,形成一个连续的符号展开过程。"[②] 这种观点不仅丰富了对"自我"的认知维度,也使人们意识到"自我"是一个永远在途中的符号旅程。

"符号自我"的这种横向流动,实质上是一种内在的"自我"对话。乔治·赫伯特·米德(George Herbert Mead)将"自我"划分为"主我"与"客我",并认为自我对话就是这两者之间的互动。随着时间的推移,"主我"与"客我"的关系不断演变,即"此刻的'主我'出现在下一刻的'客我'中"[③],这一对话过程促进了"自我"意识的成熟与深化。

"符号自我"的对话,若从查尔斯·桑德斯·皮尔斯(Charles Sanders Peirce)的"符号-对象-解释项"符号三元概念来审视则是一种"自我"阐释。个体通过不断的自我解读与重构,塑造出一个全新的"自我"。在这个过程中,"现在的我"作为"符号","过去的我"作为"对象",是

---

① 赵毅衡. 身份与文本身份,自我与符号自我 [J]. 外国文学评论,2010(2):15.
② 同上.
③ 米德. 心灵、自我与社会 [M]. 赵月瑟,译. 上海:上海译文出版社,2018:197.

"自我"阐释的基石，为理解与解释提供了历史的参照；"未来的我"则作为"解释项"，承载着对未来的期许。"按照皮尔斯符号无限衍义的观点，在自我阐释的过程中，不断会有新的元素加入构成新的符号，如此自我就成为一个不断表意的符号过程"①，在这一连串的符号化过程中，"自我"被持续地赋予了新的生命意义。

横向位移的"自我"阐释，乃是在时间之河中航行，旨在岁月的流转中塑造更为丰富的内在"自我"。在德鲁克的"反馈分析法"（feedback analysis）中，时间被视为自我管理成功的至关重要因素，它提醒人们，科学的自我管理非一日之功，而是需在时间的洗礼中逐渐成熟。德鲁克在运用"反馈分析法"探索个人优势时，特别强调了时间的价值。他指出，要真正理解自我管理的成效，需将实际成果与预期目标相较，且这一过程应在"9~12个月"后，乃至"两三年"的持续实践中方能显现。中国传统文化亦蕴含着相似的理念，曾子的"三省吾身"即是每日多次的自我反省，以此促进"自我"成长。孔子的生命阶段论则是对时间维度"自我"塑造的深刻阐释，从"吾十有五而志于学"到"七十而从心所欲"。

其次，在纵向维度上，向上的位移是面向"自我"身份的位移，向下的位移是面向"自我"身体的位移。也就是说，向上的位移代表着向"自我"被认同的探索，而向下的位移则意味着向"自我"存在的寻觅，这与赵毅衡把存在主义哲学家让·瓦尔（Jean Wahl）的向上超越（trans-ascendence）与向下超越（trans-descendence）归于"自我"的纵向位移类似，也和符号学家塔拉斯蒂（Eero Tarasti）的"外符号性"（exosemiotic）与"内符号性"（endosemiotic）、符号学家诺伯特·威利（Norbert Wiley）的"向上还原"与"向下还原"以及社会学家尼克拉斯·卢曼（Niklas Luhmann）向上成为"（人际）互动的""组织的"与向下成为"有机生物的""机械的"等理论有相似的地方。②

"符号自我"的纵向向上位移，是对"自我"身份的深刻确认，它揭

---

① 冯月季. 乔治·米德符号自我理论研究 [M]. 秦皇岛：燕山大学出版社，2020：3.
② 赵毅衡. 身份与文本身份，自我与符号自我 [J]. 外国文学评论，2010（2）：16-17.

示了"自我"如何通过符号活动来塑造和重塑身份,以及在社会结构中为"自我"找到恰当的位置。这种位移可能涉及个体如何利用教育、职业取得进步,使用社会实践等手段来拓宽和加深身份认同。在追求更高层次的"自我"实现过程中,个体可能会通过进一步学习深造、参与更广泛的职业活动、担负更多的社会责任等方式来提升和扩展自己的身份认同。向上的位移使"自我"成为一种社会文化符号的一部分,超越了个人意义的"自我",为人生增添了丰富的色彩。

在社会活动中,每个个体都是符号,米德强调:"自我是逐步发展的,它并非与生俱来,而是在社会经验与活动的过程中产生的,即是作为个体与那整个过程的关系及与该过程中其他个体的关系的结果发展起来的。"①

因此,"自我"这种纵向向上的符号化,有助于更清晰地实施自我管理。德鲁克在自我管理中提倡的自问"我能做出什么贡献?"就是为了促进"自我"向上位移。他在晚年仍坚持这种自问,他说:"即使是在今天,我依然会不断地问自己'你希望被人记住的是什么',这个问题能促使你不断超越自己。因为它促使你把自己看成一个与众不同、有所作为的人。"②

"符号自我"的纵向向下位移,则代表着对"自我"生物本质的深刻理解,是将人的存在还原至生物学和物理学的基本层面,触及"自我"对自身身体和物质实体的认知与体验。在这个过程中,"自我"可能会更加关注身体的生物学属性,如健康、年龄、体能。在"符号自我"的向下身体还原中,个体可能会重新评价对身体经验的感知。这种还原鼓励"自我"以更直观的方式感知和接纳自己的身体,而身体是构建"自我"认同的关键要素。向下身体还原可能引发个体对自身身体的重新认知,包括对身体规范、身体形象、健康观念等的深刻反思。

赵毅衡的"符号自我的纵向与横向位移"模型为自我管理提供了重要的指导。虽然这一理论框架无法完全涵盖"自我"的所有复杂性,但它无

---

① 米德. 心灵、自我与社会 [M]. 赵月瑟, 译. 上海:上海译文出版社, 2018:153.
② 德鲁克. 21世纪的管理挑战 [M]. 朱雁斌, 译. 北京:机械工业出版社, 2006:16.

疑为人类有效地进行自我管理开辟了清晰的符号化路径。无论个体是否意识到自我管理的必要性，他们实际上都处于某种自我管理的状态。无论是否通晓符号学知识，所有人都无一例外地沉浸在符号活动中，正如冯月季所阐述："将人的自我视为符号，强调的是其在生活中遭遇的不断变化的偶然性与可能性"。① 这些持续的"偶然性"与"可能性"，为自我管理提供了无限的操作空间。因此，塑造"自我"不仅是个体的发展过程，也是人类共同构建"符号自我"的旅程。赵毅衡深刻地指出："一个自觉的自我必然也是一个符号自我，因为他在不断地思考世界与自我存在的意义，探索的是自己在宇宙中的独特位置。"②

精神文化符号学则把"符号自我"视为一个有生命特征的个性，而并非个体。精神文化符号学从中国传统文化出发，在"有无之境"中，以庄子哲学思想中的"吾丧我"③为基础，尝试对人类认知活动的重新阐释来认知"自我"，实现更高意义上的自我管理。在精神文化符号学看来，认知行为源自于大自然，即自然界首先发出信息才有人类的认知行为。如果不是极地冰山的融化和臭氧空洞的形成，人们可能还不会意识到要保护自然。因此，精神文化符号学提出"反向认知"的概念，并在此基础上倡导"丧我"的认知模式。这种"丧我"模式并非完全排斥认知主体，而是通过对"主体间性"的概念新解，让认知主体超越一般意义上的"理性"层面，进入更高一层的思维境界即"用心若镜"④。其实，这就是一种独特的"自我管理"模式，即"符号自我"处于"有无之境"之中。⑤

符号学在自我管理领域的珍贵之处，不仅体现在它深化了我们对于"自我"纵向与横向位移的理解，还在于它为我们如何高效地运用符号提供了指导。在"符号自我"的概念中，"自我"不仅是符号的载体，更是

---

① 冯月季. 乔治·米德符号自我理论研究 [M]. 秦皇岛：燕山大学出版社，2020：3.
② 赵毅衡. 符号学原理与推演 [M]. 南京：南京大学出版社，2011：62.
③ 庄子注疏 [M]. 郭象，注. 成玄英，疏. 北京：中华书局，2011：24.
④ 同上.
⑤ 张杰，余红兵. "用心若镜"与意义释放——再论精神文化符号学的任务 [J]. 江海学刊，2022（3）：241-247.

符号的主动运用者。德鲁克在其研究中强调,在自我管理的旅途中,我们需要认识到自己是更倾向于"阅读型"还是"倾听型"的个体。他精辟地指出:"为了理解我们的行为方式,我们首先需要明白,我们是更擅长阅读信息,还是更擅长倾听他人。很多人并没有意识到,人群中既有擅长阅读的人,也有擅长倾听的人,而且大多数人并不清楚自己究竟属于哪一类。"[1] 这一关于自我"阅读型"或"倾听型"特质的探索,正是符号学的强项。通过"符号自我"的理论框架,我们能够更深入地洞察个体如何通过符号的使用来认知世界。符号学不仅帮助我们理解"自我",更指导我们如何通过符号的运用来优化自我管理,使我们能够更清晰地认识到自己的认知模式、行为习惯和沟通风格,进而实现"自我"塑造的目标。

二、放空自我:超越"符号自我"

在"符号自我"的理论框架下,自我管理成了一种精致的艺术,我们通过符号的智慧来细化和优化个人的生活与成长。然而,在这个充满符号的世界中,为什么我们还需要学会超越符号从而放空"自我"呢?

首先,放空"自我"代表着不进行"符号自我"的横向位移。这种横向位移,实质上是一种内在的"自我"对话,而放空"自我"的过程则是对这种对话的消解。"自我"对话在时间的三维——过去、现在与未来——之间展开,它是"符号自我"形成的动力,助力于自我管理。然而,这种对话也可能成为问题之源,使"自我"陷入对过去或未来的纠结,从而丢失了当下的"自我"。在现实生活中的自我管理中,确实存在着因"自我"对话而过分关注过去和未来"自我"的风险。庄子在其哲学中提出的"吾丧我"概念,是对自我对话的消解。庄子的目标是通过这种消解,达到一种放空"自我"的状态。他运用了一系列独特的词汇来形容

---

[1] 德鲁克. 卓有成效的个人管理 [M]. 上田惇生, 编. 杨剑, 译. 北京: 机械工业出版社, 2014: 150.

这种自修过程，如"坐忘"①"心斋"② 等，以期获得一种融入当下的境界。在这种境界中，"自我"不拘泥于过往，不预设未来，而是以一种"不将不迎，应而不藏"③的状态应对万物。中国传统文化中的诸多流派都提供了类似的哲理，如《管子》中的"静因之道"④ 等，它们的共同目标都是放下"符号自我"的横向位移，回归到一种更加纯粹和宁静的当下"自我"。

其次，放空"自我"代表着不进行"符号自我"纵向位移。纵向位移，无论是向上还是向下，都有可能出现远离本真的我的风险。赵毅衡曾警示："自我的上升位移可能带来危险，它可能使自我沦为纯粹理性的存在，或使自我丧失独立性，被社会意识形态所吞没。"⑤ 庄子在其哲学中提出了"至人无己，神人无功，圣人无名"⑥的理念，这些境界都是为了防止因沉迷于社会"自我"而遗失本真的我。符号学家诺伯特·威利（Norbert Wiley）对于"符号自我"的向上还原同样持谨慎态度，他认识到："各种向上还原都具有社会科学精神，承认人性中具有彼此联系和社会约束的特质。但是这种意识达到了这样一种程度：即这些人都失去了所有的独立自主。"⑦ 同样，对于"符号自我"的向下还原，也存在着类似的风险。威利在其著作《符号自我》中生动地描绘了向下还原的风险，他讲述了一个故事：一位资深哲学家在会上沮丧地说："我不知道自己怎么了，自己只是一些原子和分子。"但是显然他不只是一堆原子和分子。也就是说，他的人性不能通过还原原则来抓住，一个人不可能在物理还原认知学的基础上过一辈子⑧。威利通过这个故事向人们揭示，无论是物理的、化学的，还是医学的人类向下还原模式，都有可能使我们失去真正本真的

---

① 庄子注疏 [M]. 郭象，注. 成玄英，疏. 北京：中华书局，2011：156.
② 庄子注疏 [M]. 郭象，注. 成玄英，疏. 北京：中华书局，2011：80.
③ 庄子注疏 [M]. 郭象，注. 成玄英，疏. 北京：中华书局，2011：24.
④ 管子 [M]. 房玄龄，注. 刘绩，补注. 刘晓艺，校点. 上海：上海古籍出版社，2015：263.
⑤ 赵毅衡. 身份与文本身份，自我与符号自我 [J]. 外国文学评论，2010（2）：17.
⑥ 庄子注疏 [M]. 郭象，注. 成玄英，疏. 北京：中华书局，2011：12.
⑦ 威利. 符号自我 [M]. 文一茗，译. 成都：四川教育出版社，2010：204.
⑧ 威利. 符号自我 [M]. 文一茗，译. 成都：四川教育出版社，2010：210.

我。因此，放空"自我"，也是放下"符号自我"的向上或向下的纵向位移，以避免这些位移遮蔽了本真的我。

超越"符号自我"的纵向与横向的位移，获得的是守中状态的本真的我。将自我与当下的时间、空间融为一体，这是理想状态的本真的我。埃罗·塔拉斯蒂（Eero Tarasti）认为，"理论上说，当所有三个维度普遍存在完整的连接时，就达到最大程度的本真性。这三个维度是：（1）时间——'现在'（nunc）；（2）空间——'这里'（hic）；（3）行动者——'我'（ego）。人们认为这是最理想的状态：这是哲学家们的乌托邦"。[①] 塔拉斯蒂将这种理想化的"自我"状态称为"乌托邦"，是因为现实中的人类往往沉湎于过往"自我"的回忆，或是沉溺于未来"自我"的幻想。人们也常常受限于社会赋予的身份框架之中，或被物质肉身所束缚。因此，要实现"自我"与当前时空的完美融合，实为不易。在塔拉斯蒂的哲学视角下，本真的我应当是一种超越了"符号自我"的，处于守中境界的我。它不会在时间的横轴与空间的纵轴上迷失方向，而是在时间与空间的和谐统一中得以绽放。在这样的状态下，个体与宇宙的节拍同步，活在当下，完全融入时间的流动和空间的广袤之中。

放空"自我"，并非是对自我管理的弃置，而是一种至高无上的自我管理艺术。张世英教授曾言："主客二分式的'自我'是实体化、对象化的东西，他只在一定程度上是自由不依的，是他自己的思想、言行的决定者，但从全面看，却另有更深层次的、更大范围的、最终的决定者，这就是'本我'——整个宇宙的动态的联系之网，亦即'万物一体'之整体。"[②] 根据这种理论，我们可以理解，那种能够在"符号自我"的横向与纵向上自由移动的"自我"，仅仅属于一种主客二分式的"自我"；而放空"自我"，即处于守中状态的"自我"，则属于"天人合一"状态中的本真的我。本真的我是与宇宙动态相连的整体，从而实现"万物一体"的高境

[①] 塔拉斯蒂. 存在符号学[M]. 魏全凤，颜小芳，译. 成都：四川教育出版社，2012：294.
[②] 张世英. 哲学导论[M]. 北京：北京师范大学出版社，2014：87.

界自我管理。庄子的"天地与我并生,而万物与我为一"[①]和孟子的"万物皆备于我"[②]中的"我",正是张世英所描述的本真的我。通过放空"自我",我们放下了在横向与纵向上的位移,从而获得了这种与宇宙同呼吸、与存在共舞的本真的我。

在心理学的深邃视野中,威廉·詹姆斯(William James)洞悉了人类对"自我"的探寻,不仅限于"经验的自我",而是拓展至更为深奥的"纯粹自我"层面。詹姆斯认为:"纯粹自我,即个人统一性之内心精素。"[③] 放空"自我",即意味着突破"经验的自我"的围限,逐步迈向"纯粹自我"的高境界。这一过程,不仅是自我管理的核心构成,更是一次心灵层面的净化与升华。在放空"自我"的旅程中,我们挣脱了外在符号和经验的枷锁,触及内在的纯粹与真实。这代表着对"自我"本质的深刻洞察与接纳,也是通往自我管理更高境界的必经之路。

张杰教授在《理性的直觉:符号活动的主体性问题研究》一文中明确指出,精神文化符号学的任务就是"在人的主体有无之境的不断转化中,寻求客观性,努力避免因人类理性思维的'自负'所造成的归纳和推理的片面性,消除因已有知识所形成的具体概念和形象的约束,避免由此可能产生的'遮蔽'现象,从而进入'理性的直觉'状态,重归人的自然存在模式,为符号学研究探索一条建立在理性基础之上的直觉把握符号意义的路径"[④]。在这里,回归自然就是要"释放意义",而并非确定意义。这其实就是为人的"自我管理",探索一条"解放自我"的路径,为克服人类的"自我自负",提供一种值得思考和借鉴的方法。

德鲁克的自我管理理念,以其科学性和实效性,在管理学领域树立了一座不朽的里程碑。尽管他的理论架构中并未直接涉及放空"自我"的哲

---

① 庄子注疏 [M]. 郭象, 注. 成玄英, 疏. 北京: 中华书局, 2011: 44.
② 孟子 [M]. 朱熹, 集注. 上海: 上海古籍出版社, 2013: 181.
③ 詹姆斯. 心理学原理 [M]. 唐钺, 译. 北京: 北京大学出版社, 2013: 116.
④ 张杰. 理性的直觉: 符号活动的主体性问题研究 [J]. 南京师大学报(社会科学版), 2022, 31: 142-148.

学，但诸如"我属于哪里"这类探索，在一定程度上也是对本真我的深层追寻的体现。这种超越"符号自我"，将放空"自我"的理念融入自我管理的实践，不仅是对个体深层次的认知，也预示着未来人类自我管理的发展方向。

三、"有无之境"："塑造"与"放空"的融合

精神文化符号学在中国传统文化的肥沃土壤中生根发芽，它推崇一种主体"有无之境"的交融。该理论主张符号化的自我管理，本质上是"文化自我"的达成。然而，那些可以被符号化的"自我"并不等同于生命的核心。本真的我，是在卸下"文化自我"的重担后显露的"精神自我"，这种精神超越了思维的限制，它无法被语言和符号所完全捕捉和定义。在精神文化符号学的视野中，精神并非人为构造的概念，而是先秦哲人智慧所揭示的天地人三者合一，并在人身上映射出的天地精神，是与自然共鸣的内在和谐。

精神文化符号学倡导，人类应当在两种互补的存在状态之间自如穿梭，这两种状态在道家哲学中得到了精妙的诠释。《道德经》开篇便道出了这两种状态："故常无欲以观其妙，常有欲以观其徼。"① 汉魏之际的学者王弼对此作出了独到的解读，他断句为："常无欲，以观其妙；常有欲，以观其徼。"② 司马光与王安石则持有不同的观点，他们认为正确的断句应为："常无，欲以观其妙；常有，欲以观其徼。"③ 尽管断句方式不同，但他们都指向了人类应当拥有的两种存在方式。老子也描述了这两种存在状态，即"为学日益，为道日损"④，不仅区分了知识追求与智慧修行，

---

① 道德真经集注 [M]. 彭耜，纂集. 闻中，点校. 杭州：浙江人民美术出版社，2021：15.
② 老子道德经注 [M]. 王弼，注. 楼宇烈，校释. 北京：中华书局，2011：2.
③ 道德真经集注 [M]. 彭耜，纂集. 闻中，点校. 杭州：浙江人民美术出版社，2021：15.
④ 老子道德经注 [M]. 王弼，注. 楼宇烈，校释. 北京：中华书局，2011：132.

更是对存在本质的深刻探幽。不仅老子，庄子同样推崇两种存在状态，晋代郭象在注解《庄子》时，阐释了庄子哲学中的两种状态是"求之于言意之表，而入乎无言无意之域"①，道家思想中诠释的这两种存在状态，既可以相互依存，又可以相互转化，共同构成了生命的和谐与完整。

同样，这两种存在状态也出现在传统的儒家思想之中。南宋时期的儒学大师朱熹，曾对弟子郭友仁提出"半日读书，半日静坐"②的教诲。朱熹所言的"半日静坐"，并非字面意义上的半天闲坐，而是体现了对内心宁静状态的推崇。民国时代学者熊十力，深入挖掘孔子思想之精髓，揭示了其中蕴含的两种存在状态。熊十力认为，这两种状态分别是"默而识之"与"学而不厌"，它们是两个独立而又相互补充的境界。他指出："《论语》录孔子之言，以'默而识之'与'学而不厌'，分作两项说。"③其中，"学而不厌"代表着不懈的求知与探索，而"默而识之"则是一种静谧的状态，是一种心灵的宁静和内在的觉醒。对"默而识之"，熊十力进一步解释说："默然之际，记忆、想象、思维、推度等等作用，一切不起。"④当一切心智活动全部停歇，便是一种放空"自我"的境界。朱熹的"半日静坐"与熊十力的"默而识之"虽然表述方式不同，但都在强调儒家思想对静谧存在状态的重视，以实现个人的全面发展。

北京大学哲学教授张世英以其贯通东西方的深邃智慧，提出了人类存在的两种状态。他将笛卡尔的"我思故我在"与主客体分离的状态相互映照，视其为清晰的"自我"意识状态的体现；与此同时，他将海德格尔的"澄明之境"与"天人合一"的状态相互映射，代表着"自我"与世界全面融入。由此可见，主客体分离的状态，是一种个体意识明确区分"自我"与外部世界的境界，其中主体与客体、内在与外在各自独立，界限清

---

① 庄子注疏 [M]. 郭象，注. 成玄英，疏. 北京：中华书局，2011：311.
② 朱子语类 [M]. 黎靖德，编. 王星贤，点校. 北京：中华书局，1986：2806.
③ 熊十力. 熊十力选集 [M]. 陈来，编. 长春：吉林人民出版社，2005：334.
④ 同上.

第一章 "有无之境":精神文化符号学与自我管理

晰。而"天人合一"的状态,则是一种独特而深奥的存在体验,在此状态中,人与宇宙、人与自然、人与生命的深层本质融为一体,界限消融,和谐共生。在忙碌的日常工作与生活中,我们得以通过"有"与"无"的双重维度,深入体悟主体的"有无之境"。在现代社会快节奏中,寻找"无"的状态尤其值得重视。然而,随着修行的深入,这两种存在状态最终将融为一体,相互依存,不可分割。正如张世英在《哲学导论》中所言:"我主张积极进取的精神与超脱旷达的胸次相结合,超越一切现实存在物(即超越'有')的'无'的最高原则应该包含着'有'。"[①]

在自我管理实践中,这两种状态体现为塑造"自我"与放空"自我"的和谐融合。塑造"自我"指个体充分展现其主体性和能动性,而放空"自我"则是一种内在的净化,是对主体性的暂时放下和消解。这两种状态并非彼此对立,而是相互补充,共同构成生命的动态循环,引领个体不断向上提升。当我们从塑造"自我"的积极进取中抽身,转而进入放空"自我"的宁静,我们便能体会到一种超然的平和。这种平和使我们能够在忙碌的生活中找到内心的宁静,在宁静中又不断汲取向前迈进的力量。因此,我们需要在塑造"自我"和放空"自我"之间找到平衡,让生命之舟在两者的交融中稳步前行。在这种平衡中,我们在有事之时能够全神贯注,无事之时又能保持心灵的宁静与从容。通过这种主客体分离状态与"天人合一"状态的交替和融合,我们能够在纷繁复杂的世界中找到"自我",实现"自我",最终超越"自我"。

综上所述,彼得·德鲁克在自我管理理论领域作出了卓越的贡献,他提出的"反馈分析法"等创新模型,为自我管理的科学化进程奠定了坚实的基础。然而,现有的自我管理模式往往过于侧重于塑造"自我",而忽视了放空"自我"的重要性。实际上,放空"自我"与塑造"自我"是自我管理中两个不可或缺的环节。只有当塑造"自我"与放空"自我"相互融合,我们才能找到自我管理的中庸之道。精神文化符号学汲取了中国传

---

① 张世英. 哲学导论 [M]. 北京:北京师范大学出版社,2014:90.

统文化的精髓，在人类符号活动中倡导主体"有无之境"，这一理论不仅丰富了符号学中"符号自我"的相关原理，而且对于管理学中自我管理理论的完善也提供了深刻的借鉴意义。通过这种融合，自我管理不再仅仅是个人能力的提升，更是一种精神和心灵的全面发展，它引导我们在"有"与"无"的螺旋上升中，探索生命更深层次的意义。

认知模式指个体在信息处理、决策制定以及对外部世界进行理解时所依赖的心理框架，此框架的形成基于个人经历、教育程度、文化背景以及性格特点等多维要素的交融。此模式与自我管理紧密相连，因个体的思维习惯与认知流程在很大程度上塑造了其管理自身行为、情绪及资源的能力。在自我管理的语境下，认知模式占据核心地位，一个恰当的认知模式对于个人在目标设定、时间与资源规划、压力与挑战应对以及动力与毅力维持等方面均具备显著的促进作用。在认知模式的建构中，对世界本质的理解与对人性的洞察占据至关重要的地位，这些认知将在很大程度上影响个体自我管理的深度和广度。

在第二章"'三心合一'：精神文化符号学认知模式与中国传统文化中的'心知'"中，我们将"心身合一""心物合一"与"心心合一"三者融为一体，统称为"三心合一"。以"心身合一"为核心线索，从三个维度深入阐释了中国传统文化中的"心知"理念，并揭示了这一理念在认知模式中的重要作用，为构建未来人类独特的认知模式提供了新的思考路径。此外，"三心合一"不仅是一种深刻的认知模式，也是一种特殊的自我管理方式，引导个体在内心与外在、精神与物质之间寻求和谐统一。

第二章的核心理念词是"心身合一"，这个词是古老而深邃的智慧凝结，深藏在众多古籍之中，历经岁月洗礼，仍闪耀着光芒。在郭店出土的楚简中，汉字"仁"的结构非同寻常，

第二讲 认知模式与自我管理

它并非现代常见的左"人"右"二"的组合,而是由"身"与"心"上下排列①。这说明"仁"的深层含义,即是"心"与"身"的和谐统一。透过郭店楚简中"仁"字的结构,我们仿佛能穿越时空,感受到古代先哲对"心身合一"理念的深切关注。他们认为,"心"与"身"并非孤立的两端,而是相互依存、和谐共生的整体。这种理解,不仅是一种哲学上的深刻思考,更是一种对生命本质的深刻洞察。身心相互作用、相互影响,共同构成了我们对于世界的全面认知。认知有时候不仅仅是依赖感官和理性分析,更需要内在的直觉和感悟。当我们的心灵和身体达到和谐统一时,才能真正理解世界的本质,达到认知的至高境界。

第三章"'用心若镜':精神文化符号学的认知模式与庄子的'吾丧我'"深入探讨了庄子的"用心若镜"与"吾丧我"对生命境界的影响。文章强调,在人类征服自然的过程中,主体的积极作用熠熠生辉,有力地推动了科技进步和社会的繁荣昌盛。然而,过度强调主体地位,将人与世界一分为二,这种二元论的人类符号活动,也带来了人类社会文明的危机。唯有寻找到主体与客体之间的平衡关系,我们才能在科技飞速发展的同时,保持内心的宁静与和谐,让生命在更高境界中绽放光彩。

第三章的核心理念词是"用心若镜",这是《庄子·应帝王》篇中描绘的一种超然物外的感知境界。庄子有言:"至人之用心若镜,不将不迎,应而不藏,故能胜物而不伤。"②此语所描述的,是一种心灵如明镜般的境界。在这样的境界中,"心"如同一面镜子,客观地映照着世间万物,不受外界干扰,不被杂念所困,只是静静地反映一切,既不抗拒,也不留恋。这不仅仅是一种哲学思想,更是一种心灵修养的极致。因此,"用心若镜"常与"吾丧我"并论,二者皆打破了主客体二分法的符号活动模式,开拓了一片崭新的认知领域。"吾丧我"主张,认知的主体应超越以自我为中心的主观意识,融入与自然和谐共存的天人合一之境。《庄子》的其他篇目中也有类似"吾丧我"的思想,如"无己""忘己"等。在此境界中,人不再以自我

---

① 刘钊. 郭店楚简校释 [M]. 福州:福建人民出版社,2003:181.
② 陈鼓应. 庄子今注今译 [M]. 北京:中华书局,2020:234.

第二讲 认知模式与自我管理

为中心,不再受个人空间的限制,而是与自然和谐共存。在第二讲和第三讲中,我们均深入探讨了中国传统文化中"心"与认知模式之间的内在联系,但两者在"心"的阐述上各有侧重。具体而言,第二讲"三心合一"主要聚焦于儒家思想中的"心"及其与认知模式的关联性,而第三讲"用心若镜"则侧重于道家思想中的"心"与认知模式的相互作用。

第四章"'能所观':'理性的直觉'的认知模式探索",则围绕"能所观"这一核心概念展开。通过传统文化中的实修实践,我们能够拓展直觉的持续性,使之成为与万物相互连通的桥梁。这种连通性的建立,孕育了一种独特的认知模式,即人与天地万物之间进行直觉式的对话。这是一种"理性的直觉"式的认知模式,它不仅是把握世界的理想方式之一,更是对于信息爆炸的当代社会中,每个"自我"都应追求的从容与宁静的生命状态。

第四章的核心理念词是"能所观",这是中国古代哲学对主体与客体关系的一种深刻洞察。"能"代表主体,"所"指向客体。庄子在《齐物论》中首次明确阐述了"能知"与"所知"的概念,深入揭示了他对"能所观"的理解。在很多中国传统的经典著作中,虽然很少有像庄子、管子一样直接运用"能"或者"所"二字,但主客分明的理性主义区分是非常清晰的。例如,古老的《周易》用"思"与"位"来区分主体与客体。《周易》推崇的类似于直觉的"感而遂通"是以"思"(主体)与"位"(客体)有别为基础的;再如,在《中庸》中这种主客体之分是用"己"与"物"来表述的,《中庸》倡导的类似于直觉的"率性"也是建立在理性的"己"(主体)与"物"(客体)相区分的基础之上的。也就是说,中国古代的先哲们虽然推崇直觉,但并不轻视理性的主客体分离的价值。需要说明的是,近现代学者章炳麟所提出的"能诠"与"所诠"中的"能所观"已不再代表主客体,章炳麟的"能诠"与"所诠"类似于索绪尔符号学的"能指"与"所指"。至此,中国的"能所"概念开始逐步转化,不再承担主客体概念。笔者之所以着重阐释中国传统文化中的"能所观",是为了论证先哲并不是不能够进行主客体分离的理性活动,而是希望人类拥有理性活动之后,还能够突破理性认知模式的束缚。

第二章
"三心合一":精神文化符号学认知模式与中国传统文化中的"心知"

导　言: 目前国内外的符号学研究都较为注重符号本身的阐释,对符号认知主体和符号活动的过程的研究尚需加强。精神文化符号学意欲建构全新的认知模式,不仅为了阐释符号意义,更是为了深化符号活动中主客体之间关系的研究。其实,中国传统文化就非常注重符号活动的过程。"所知"是无限的,而"能知"是局限的,可以通过"修己"突破"能知"的局限性。中国先哲提出"心知"或曰"三心合一"的"修己"方式,即"心身合一""心物合一""心心合一",这正是对符号活动过程的关注,强调认知主体的修为对符号认知和阐释的作用。

符号学作为一门科学产生于20世纪初的西方。然而,中国古代很多智者一直对符号活动有着独特的思考。中西方之间符号研究的差异究竟何在?两者的内在联系又是怎样?对这些问题的探究,既能够进一步知晓中国传统文化中的符号学思想,又有助于深入理解精神文化符号学的认知模式。

西方符号学建立在科学思维的基础之上,注重对符号的客观阐释。索绪尔就强调,符号是由"能指"与"所指"确定的对应关系所构成的。中国传统文化中虽也有类似的思想,比如墨子的"名"与"实",但总体上中国传统文化更注重的是"能知"与"所知"。这里似乎只是一字之差,即"知"与"指"的不同,却显示出了中西方符号研究侧重点的迥异,前者更加关注符号活动的过程,而后者则偏重符号指称之间的关系。

在中国传统文化中,"所知"先于"能知"而存在,"所知"是无限

第二章 "三心合一":精神文化符号学认知模式与中国传统文化中的"心知"

的,而"能知"是局限的。庄子说:"吾生也有涯,而知也无涯;以有涯随无涯,殆已!"① 因此中国传统文化更注重的是突破"能知"的局限性,探索如何企及"所知"的过程。

然而,怎样才能以局限的"能知"去应对无限的"所知"呢?先秦哲人认为可以通过"修己"突破"能知"的局限性,这样才能透过表象把握其本质,达到孔子所说的境界——"从心所欲,不逾矩"②。"修己"的方式有很多,但其实不外乎提倡认知主体的三个合一:"心身合一""心物合一""心心合一"(即"后天之心与先天之心合一")。这种"三心合一"又能通称为"心知"。

"心"(mind-heart)在中国传统文化中是一个特殊的概念:孟子说"心之官则思,思则得之,不思则不得也,此天之所与我者"③;荀子说"人何以知道?曰心。心何以知?曰虚壹而静"④;管子说"心之在体,君之位也"⑤;庄子说"圣人之心静乎!天地之鉴也,万物之境也"⑥。显然,"能知"与"心"相关。"心知"最主要的特质就是整体性认知法,而不同于分割后的分析性认知法。"心知"的认知主体是认知过程的"参与者",而不是"观察者"。庄子说"火不热"⑦,"火"就是"火",本来与"热"无关,因为阐述了人的感受才会出现"热"。人与符号是不可分割的一体,符号活动离不开人的精神活动。因此,精神文化符号学指出:"人类的符号活动迥异于纯粹的自然科学研究,它首先是一种社会文化活动,是无法与人的主体性或曰人的精神活动相分离的。"⑧

"心"的三个"合一"有助于提高"能知"力。他们之间的关系,如

---

① 庄子[M]. 安继民,高秀昌,注译. 郑州:中州古籍出版社,2016:39.
② 论语[M]. 齐冲天,齐小乎,注. 郑州:中州古籍出版社,2016:12.
③ 孟子[M]. 朱熹,集注. 上海:上海古籍出版社,2016:161.
④ 荀子[M]. 方勇,李波,注. 北京:中华书局,2015:343.
⑤ 管子[M]. 李山,译注. 北京:中华书局,2009:191.
⑥ 庄子[M]. 安继民,高秀昌,注译. 郑州:中州古籍出版社,2016:98.
⑦ 庄子[M]. 安继民,高秀昌,注译. 郑州:中州古籍出版社,2016:322.
⑧ 张杰,余红兵. 反思与建构:关于精神文化符号学的几点设想[J]. 符号与传媒,2020,22(秋季号):2-13.

同庄子所说的"不同同之"①。"心身合一"是中国传统认知模式的基础,"心物合一"突破了人的空间束缚,"心心合一"解放了人的时间束缚。孔子认为"能知"方式有三种:"生而知之者,上也;学而知之者,次也;困而知之者,又其次也"②。这三种"能知"都需要"心"的三个"合一"才能实现。孟子曰:"人之所不学而能者,其良能也;所不虑而知者,其良知也"③,"良知"与"良能"不同于西方的"本能",只有"后天之心与先天之心合一"才能真正获得"生而知之"的"良知"。宋代思想家张载从"知"的来源角度又把"知"分为两种:其一是"德性之知";其二是"闻见之知"。要真正准确获得这两种"知",同样离不开"心"的三个"合一"。尤其是"德性之知",需要用类似西方"直觉"的方式去"悟"。

本文的主要目标是从精神文化符号学角度提出符号之间的"精神联系"为出发点,关注符号活动的认知过程,通过中国传统文化"心知"的三个"合一",努力去挖掘符号背后的"真知",即精神文化符号学所追求的"解释符号同时又不被符号的解释所束缚",解放符号,还符号以自由,以达到符号认知中的"道"的境界。

一、心身合一:符号活动的前指称准备

"心知"提倡认知主体首先要"心身合一"。这就是在符号活动前,指称者所应进入的最佳准备状态。显然,相对于西方符号学界对符号指称的关注,"心身合一"把符号活动的时间提早至了前指称阶段。中国古人在认知世界时,不把"心"与"身"分割开来,而是作为一个整体,这种认知方式不同于仅依靠大脑的思考活动,而是心与身交融在一起,是象思维与概念思维相结合。

《尚书》中的《洪范九畴》对心与身交融的认知模式描述得尤为详细。

---

① 庄子[M]. 安继民,高秀昌,注译. 郑州:中州古籍出版社,2016:72.
② 论语[M]. 齐冲天,齐小乎,注. 郑州:中州古籍出版社,2016:230.
③ 孟子[M]. 朱熹,集注. 上海:上海古籍出版社,2016:186.

第二章 "三心合一":精神文化符号学认知模式与中国传统文化中的"心知"

周武王平定天下后,他向箕子请教治国之道。箕子被武王的诚意所感动,于是写下了既是治国之法,更是一种认知方式的《洪范九畴》。箕子说"敬用五事",是"貌言视听思",是"圣人之道"①。这就从五个方面非常系统规范了认知主体的行为,其实就是为了达到"心身合一"的境界。这五事分别是:第一事"貌曰恭",在外貌上应该有恭敬的态度,不能出现慵懒怠惰的神情;第二事"言曰从",用词用语要有条理,语气有诚意;第三事"视曰明",要正眼看事物,把外物收到眼里,才能看得清明,分辨智愚;第四事"听曰聪",要能够精微谛听;第五事"思曰睿",思通微则行得中,通过征兆就能推断才是真正睿智。时时注意"貌言视听思"合一的人,对外界的认知一定很清晰,智慧也必然出类拔萃。从《洪范九畴》内容可以看出,古人所说的"修身"是真正在眼耳等"身"上做"工夫"。所以汉代扬雄说:"学者,所以修性也。视、听、言、貌、思,性所有也。学则正,否则邪"②。显然,在中国传统文化中,在符号活动开始前,"心身合一"是最为理想的主体状况。这里不把"心"孤立于身体一隅,而是把"心"与整个"身"融为一体。

西方符号学也有一些类似的思想。符义学认为,"符号意义的理解是程度不断深入的过程,从感知(perceived),到注意(noted),到识别(recognized),到解释(interpreted),到理解(understood),到再述(translated)。其中还可以加上很多环节,实际上是一个'无级'的深入过程"③。梅洛-庞蒂(Merleau-Ponty)在《知觉现象学》(*Phenomenology of Perception*)书中指出,认知的主体是身心一体,而不应该身心二元。他说"我的身体是我的'理解力'的一般工具","身体不仅把一种意义给予自然物体,而且也给予文化物体","词语在成为概念符号之前,首先是作用于我的身体的一个事件,词语对我的身体的作用划定了与词语有关的

---

① 四库全书 [M]. 纪昀,编. 北京:中国华侨出版社,2016:190.
② 扬雄. 法言 [M]. 韩敬,译注. 北京:中华书局,2012:10.
③ 赵毅衡. 符号学原理与推演 [M]. 南京:南京大学出版社,2011:172.

意义区域的界限"等①。茱莉亚·克里斯蒂娃（Julia Christeva）等符号学家也认为，身体是人类符号过程的主要住所，并认识到了"身体性"（corporeality）②。显然，在"身"与"心"的"合一"中，西方符号学更青睐前者，而中国传统文化更关注后者，前者可谓是"身心合一"，后者则是"心身合一"。

中国传统文化中的"心身合一"就是把无形的"心"与有形的"身"真正融为一体。如果脱离了无形的"心"，而偏重有形的"身"，那就会失去"身"的"魂"。相反，如果脱离了有形的"身"，而强调无形的"心"，那也就失去了"魂"的载体，不能达到认知的最高境界"道"。"无形"与"有形"合一，则"无形"可以帮助"有形"，"有形"可以促进"无形"，这样才能真正实现"有无相生""有无相济"。

"心身合一"在中国传统儒学中常常被浓缩成一个"身"字，比如中国人耳熟能详的"修身"中的"身"，其寓意就不仅仅是"身"，而是包含了"心身合一"的"心"。仅用一个字"身"的原因是人们在认知时往往忽视"心"的重要性，同时也是因为有形的"身"相比无形的"心"较容易把握。在中国先哲心目中，有形的"身"与无形的"心"，乃至人的本体，甚至天地的大道是相通的。这种包括了"心身合一"寓意的"身"在《论语》中出现多次，其中有"三省吾身""正其身"等；《孟子》全书中这种"身"也出现多次，其中有"安其身"（《公孙丑下》）"诚身有道"（《离娄上》）"反身而诚"（《尽心上》）"修身以俟之"（《尽心上》）等。这些"身"都涵盖了"心"的意思。

然而，"心身合一"在道家思想中常常被反过来描述。老子说："吾所以有大患者，为吾有身，及吾无身，吾有何患？"③ 这句话貌似与儒学思想完全相反，其实二者寓意完全一致。老子所谓的"有身"为患，是指心身分割开的"身"。这种"身"容易令人"私我"、狭隘与愚昧，所以老子才

---

① ［法］莫里斯·梅洛-庞蒂. 知觉现象学［M］. 姜志辉，译. 北京：商务印书馆，2001：20.
② 塔拉斯蒂. 存在符号学［M］. 魏全凤，颜小芳，译. 成都：四川教育出版社，2012：20.
③ 老子［M］. 李存山，注译. 郑州：中州古籍出版社，2016：18.

第二章 "三心合一"：精神文化符号学认知模式与中国传统文化中的"心知"

会说"有大患"，因而老子只是从另一个角度告诫人们要"心身合一"。

那么中国传统文化中"心身合一"的方法是什么呢？《尚书·大禹谟》有"人心惟危，道心惟微，惟精惟一，允执厥中"，这是尧传给舜，舜又添了前十二个字的十六字心法。这十六字心法即是治天下的大法，也是"心身合一"的修身要诀。十六字心法指出，人的心思总是动荡不安，而"道"的精义却精妙难见，所以应该保持精诚专注，并执其中道，才能正确认知到"道"。其中的"惟精惟一"目的是能够"心身合一"，这是中国古代的核心认知思想。只有做到了"惟精惟一"，才能实现"心身合一"。除了"惟精惟一"以外，中国传统文化中还有"专一""抱一"等，大同小异，都是为了心身交融合为一体，"专一"是指主体能够思想纯净不杂，如《朱子语类·卷六九》中"只是心专一，不以他念乱之①"。"抱一"出自《道德经》，"是以圣人抱一为天下式"②。"抱一"有"一即一切，一切即一"的意思。这些"一"都是为了告诫认知主体收敛心神，都是为了转"心身二分"为"心身合一"。要达到这种高度的"心身合一"是非常不容易的，所以庄子说："且有真人而后有真知③。"只有真人才能真正获得"真知"，真人的标准有很多，首先应该是高度"心身合一"的人。

精神文化符号学认为，微观上看，符号学的每一种研究维度和方法都是科学思维的"识知"或"思知"；而从宏观上看，在多元化的研究之上，精神文化符号学认知模式中倡导的"体知"与中国传统文化"心身合一"的认知模式高度契合。

二、心物合一：符号指称的过程关注

在中国传统文化中，"心知"不仅是以"人"为主体的"心身合一"，也是"人"与"天"主客体融合的"心物合一"。"心物合一"是以"心身

---

① 朱子语类[M]. 黎靖德，编. 北京：中华书局，1986：1740.
② 老子[M]. 李存山，注译. 郑州：中州古籍出版社，2016：31.
③ 庄子[M]. 安继民，高秀昌，注译. 郑州：中州古籍出版社，2016：45.

合一"为基础的。如果缺乏了作为主体的"人","体知"就失去了内驱力,而若是没有主客体交融的"天","体知"也就丧失了客体对象,也很难"体知"到真实的存在。王阳明说:"大人之能以天地万物为一体也,非意之也"①。就是说这种"心物合一"不是主观臆想出来的,而是一种客观存在。

在西方符号学研究中,无论是索绪尔还是皮尔斯等,均把研究的焦点集中于符号指称,即符号所指事物的意义表征。"心物合一"的中国式符号认知,则更加关注符号标记的指称过程,也就是如何指称?为什么如此指称?其实,任何指称都是主体与客体交融的产物,即"心物合一",也就是"天人合一",或曰"天地人"三者合一。人处天地之中,顶天立地,与天地并行为三,宇宙和人合成一片,熔为一炉。把人的小我,归到大我的天地里,形上造化的本质,与形下自我的本质,成为一个整体。

把认知主体与外部客体融为一体。人当以天地心为心,不仅认知天地万物,还效法天地精神。人的一切活动,包括情绪、外形、认知方式等,都努力合乎宇宙天地的运行法则,乾乾不息,厚德载物。这是中国古人极高明的思维智慧,《易传·文言》曰:"与天地合其德,与日月合其明,与四时合其序,与鬼神合其吉凶"②,这是寻求生命总体加以认识的模式。孟子说"万物皆备于我"③,庄子说"天地与我并生,万物与我为一"④,"天地人"相通其实质就是视"天地人"为一个大生命体的基础上,探究人与自然万物的关系。万物存在的本原,通过功能作用显示出来。万物的本性在万物中存在,知其性则知天道,"心物合一"把整个认知过程变得生机盎然起来。一即一切,一切即一。道是一,生是一切。理是一,事相是一切。一法遍含一切法,惟此才能达宇宙的本体本原。所以老子说:"故道大,天大,地大,人亦大"⑤。

---

① 王守仁. 王阳明全集 [M]. 上海:上海古籍出版社,2012:798.
② 周易译注 [M]. 黄寿祺,张善文,译注. 上海:上海古籍出版社,2016:24.
③ 孟子 [M]. 朱熹,集注. 上海:上海古籍出版社,2016:181.
④ 庄子 [M]. 安继民,高秀昌,注译. 郑州:中州古籍出版社,2016:26.
⑤ 老子 [M]. 李存山,注译. 郑州:中州古籍出版社,2016:34.

第二章 "三心合一"：精神文化符号学认知模式与中国传统文化中的"心知"

西方也有类似的思想，海德格尔认为，天空、大地、诸神与人这四方是属于一体的，本来就是统一的。海德格尔主张人应该宁静下来听本真自我的声音，这种声音不是概念思维，也不是人的心理活动，他称为"陌生的声音"。在康德看来，对于事物本体即所谓"物自身"（ding an sich）的知识，只有在"智的直觉"（intellektuelle anschauung）的观照下才能够达到。"智的直觉"不预设主客能所的对待，因而是一种无差别的状态①。

宋代张载认为"大其心则能体天下之物"②，因为只有"大其心"才能不被"小我"的意识所桎梏，就能体会到天与人一体，这如同老子的"无为而无不为"，因为心本与天地一体，"有为"心变小了，反而让人与外界分隔开来；"无为"就与天地融合，就能"无不为"了，所以张载进一步说"视天下无一物非我"③。与张载差不多时代的程颢说得更简洁，他说："天人本无二，不必言合"④，也就是说并不是"人为"地把心与物合为一体，而是心与物本来是一体，被"人为"地分开了，去除"人为"而回归心与物的本来状态，就是"心物合一"的状态。

"心物合一"也是"静与敬"合一。认知主体内在"心"有"静"意，对外物有"敬"意，古人称为"外敬而内静"。深层次的"静"可以改变一个人的身体与心智，提高人的认知能力。人的意识漂浮不定，非常难以把握。东方"心物合一"思想的精髓就是在于要管控自己内心的意识，各门各派虽然用不同的名称，但都指向了"静"这个方向。一个人"静"的程度不一样，对中国文化的实质性内容的理解也不一样。追求心"静"的同时，心怀"敬"意也很重要，对物有敬意的人心里会比较通透。《易·坤》有言"君子敬以直内"⑤，孔子说"出门如见大宾"⑥，姜尚说"故敬胜

---

① 彭国翔. 良知学的展开：王龙溪与中晚明的阳明学［M］. 北京：三联书店，2005：55.
② 张载. 张横渠先生文集：十二卷［M］. 刻本. 福州：福州正谊书局，1869—1870.
③ 同上.
④ 诸子百家大辞典［M］. 冯克正，傅庆升，编. 沈阳：辽宁人民出版社，1996：632.
⑤ 周易译注［M］. 黄寿祺，张善文，译注. 上海：上海古籍出版社，2016：40.
⑥ 论语［M］. 齐冲天，齐小乎，注. 郑州：中州古籍出版社，2016：146.

怠者吉，怠胜敬者灭"①，管子说"严容畏敬，精将至定"②，从认知模式的角度来看，认知主体如果对外物、对自然、对他人有"敬"之意，那么这个人的内心自然更容易"静"；同样，一个内心"静"的人，一定会"敬"人"敬"物。这种"静心敬物合一"的状态，必将有助于准确认知符号"外敬"与"内静"应该融为一体。所以近代学者梁启超说"但能每日静坐一二小时，求其放心，常使清明在躬，气志如神，梦剧不乱，宠辱不惊。他日一切成就皆基于此，毋曰迂远云也"③，由此可见，"静心敬物"就能"心物合一"。

"心物合一"有助于认知主体人由"观察者"者的角色转变成"参与者"，从局部思维变成整体思维，局部思维容易犯"一叶障目"的错误，采用整体思维才能产生"一叶知秋"的认知联想。"参与者"可以同时拥有"观察者"思维，而"观察者"产生不了"参与者"的思维，这是因为思维的境界不一样。同样，整体思维者也可以进行局部思维分析，但局部思维很难获得认知的整体观。"心物一体"促发人不仅"向外看"，也"向内看"。"向外看"能看得多远，"向内看"就能多深，"内"与"外"同样广袤无垠。为了能够"向内看"，道家发明了"收视返听"的工夫，儒家提出了"反求诸己"的方法，都是为了向内用力。所有这些都极大地增强了人的认知能力。

精神文化符号学认为："在西方符号学界看来，符号学是一门研究意义的学科，以符号关系作为自己的研究对象，主要包括三种关系，即符号与其对象的关系，符号与人的关系，符号之间的关系。其实，这三种关系之间的联系都是通过人的精神活动纽带加以实现的，割断了这种精神联系，就无法考察它们的内在联系。"④ 只有"心物合一"才能真正实现精神文化符号学提倡的这种"人的精神活动纽带"的作用。

---

① 朱子语类［M］. 黎靖德，编. 北京：中华书局，1986：236.
② 管子［M］. 李山，译注. 北京：中华书局，2009：267.
③ 梁启超. 饮冰室文集（第一册）［M］. 北京：北京日报出版社，2020：166.
④ 张杰，余红兵. 反思与建构：关于精神文化符号学的几点设想［J］. 符号与传媒，2020，22（秋季号）：2-13.

第二章 "三心合一"：精神文化符号学认知模式与中国传统文化中的"心知"

三、心心合一：符号活动的时间穿越

在中国传统文化中，"心物合一"就是让"心"超越空间的束缚，而"心心合一"则让"心"超越时间的束缚，即"后天之心与先天之心合一"。

中国古人对"先天之心"的追求最早见于《周易》中，《周易·乾·文言》曰："先天而天弗违，后天而奉天时"①，第一次把"先天"与"后天"放在一起。战国思想家孟子又首次提出"良知"，《孟子·尽心上》中有"所不虑而知者，良知也"②。明代思想家王阳明发展了"良知"学说，提出了"致良知"。王阳明弟子王畿认为"良知"是"先天之学"，即"所谓先天而天弗违，后天而奉天时也"，就是"后天之心与先天之心合一"的思想。由此观之，这都是一种从"本体"入手的认知方法，易学中的"先天"、孟子的"良知"、老子的"无"、庄子的"虚"、释氏的"空"等，都是为了追求"心心合一"。

西方也有类似的思想，郭鸿在主编的《现代西方符号学纲要》中谈到，康德的先天综合判断提出了先验理性的批判哲学，他主张人的理性只能解决人的经验范围内的问题，但在人的经验范围以外还有一种超出经验的理性，它是与生俱来的，或来源于某种灵感，这就是"先验"③。日本学者汤浅泰雄也认为，中国传统文化中"后天之心与先天之心合一"的"良知"是"潜在于意识根底的无意识领域之能量，涌现而出的状态"和"潜在于无意识下的先天性直觉感知之能力，自然而然地流露于意识表面，并将之显在化"的结果④。

其实，从认知的角度理解"后天之心与先天之心合一"，可以从区分

---

① 周易译注 [M]. 黄寿祺，张善文，译注. 上海：上海古籍出版社，2016：24.
② 孟子 [M]. 朱熹，集注. 上海：上海古籍出版社，2016：186.
③ 郭鸿. 现代西方符号学纲要 [M]. 上海：复旦大学出版社，2008：43.
④ 汤浅泰雄. 身体的宇宙性 [M]. 东京：东京岩波书店，1994：217.

"智"与"慧"的差别开始。中国古人心目中"智"与"慧"是不一样的,老子说"为学日益,为道日损"①,"为学"与"智"有关,"为道"与"慧"有关。学习各种知识可以增加人的"智",去除对错误知识与信息的理解可以增加"慧"。佛学中有去除"知之障"的方法,丢弃掉"知之障"方能出现"慧",从而能够更好认知世界。"智"由"后天之心"产生,而"慧"由"先天之心"而发,所以需要"后天之心与先天之心合一"。《大学》中说:"知止而后有定,定而后能静,静而后能安,安而后能虑,虑而后能得"②,"止"的目的也是为了"后天之心与先天之心合一"。人们总觉得只有不停思考才能有正确认知,这是一个错误的观念,有时停止不必要的思虑,不仅不会影响人的判断,反而有助于提高人的思维境界,正如埃罗·塔拉斯蒂(Eero Tarasti)在《存在符号学》(*Existential Semiotics*)中所说:"我对知识(knowledge)与智慧(intelligence)进行了思考,得出以下原理:我们对外在投入的智慧越多,将之客观化为各种符号产品,如机器、电脑、媒体等,那么留给自身的智慧就越少。相反我们周围的智慧越少,我们自身内部的智慧就越多。"③

庄子的去"机心"与孟子的"存心"阐述得尤为清晰。庄子从"后天之心"的角度阐述,他说"有机械者必有机事,有机事者必有机心"④。这种"机心"是"后天之心",过度运用"机心"反而使人愚昧,所以庄子喜欢"至人之用心若镜"。孟子从"先天之心"的角度阐述,他说:"君子所以异于人者,以其存心也。"⑤ "存心"就是把本来有的保存住,本来就有的心是"先天之心"。庄子的去"机心"是为了"心心合一",与孟子的"存心"同样也是为了"心心合一"。

为了使人做到"心心合一"需要调整人的"德"。在古人心目中,人的"德"可以贯穿"先天之心"与"后天之心"。中国古人认为有"德性

---

① 老子[M]. 李存山,注译. 郑州:中州古籍出版社,2016:70.
② 四库全书[M]. 纪昀,编. 北京:中国华侨出版社,2016:84.
③ 塔拉斯蒂. 存在符号学[M]. 魏全凤,颜小芳,译. 成都:四川教育版社,2012:184.
④ 庄子[M]. 安继民,高秀昌,注译. 郑州:中州古籍出版社,2016:84.
⑤ 孟子[M]. 朱熹,集注. 上海:上海古籍出版社,2016:118.

第二章 "三心合一": 精神文化符号学认知模式与中国传统文化中的"心知"

之知",有"闻见之知"以及"亲知"等,"德性之知"主要来自"本体",所以首要是调整好自己的"德"。早在夏商周,青铜器上就铸有铭文提醒人,先端正好"己德",然后再去认知外界,如《师望鼎》铭文说"穆穆克明厥心,哲厥德"[1],《中山王·鼎》铭文说"论其德,省其行,无不顺道"[2],这些都是为了调整人的德性。《大学》引用了青铜器上的铭文内容,文中有"汤之盘铭曰:'苟日新,日日新,又日新'"[3],商朝的开国君主成汤把"苟日新,日日新,又日新"铸在自己的盥洗用具上,这样盥洗的时候,就可以看见这句箴言,以便每天提醒自己及时反省,不断端正自我的"德"。上古时代人们的生活比较质朴,反而更接近生命的本体,所以那个时代流传下来的调整"德"的思想,有一种历久弥新的感觉。

精神文化符号学认为"符号学的研究目的不只是为了阐释符号本身或符号之间的关系或揭示符号运行变化的规律,而更主要是为了提升人的思维能力,拓展人的认知空间,让本应自由的人摆脱各种社会的、伦理的羁绊,自由地去思考"[4],"后天之心与先天之心合一"就极大地提高了人的思维认知能力,人类的认知能力比认知本身更重要,因为只有人类的认知能力不断提升了,才能最终达到认知的"道"境界。

显而易见,中国传统文化中的"心知"注重"心身合一""心物合一"和"心心合一","三心合一"有助于认知主体正确接受与解释各种符号。

《庄子·秋水》中有这样一句话:"井蛙不可以语于海者,拘于虚也;夏虫不可以语于冰者,笃于时也;曲士不可以语于道者,束于教也。"[5] 庄子认为,和井中的蛙很难谈论大海,因为井的空间束缚了它;和夏天的虫很难谈论冬雪之冰,因为夏天的虫寿命短,时间束缚了它;和孤陋寡闻之人不可以谈道,因为他所受的教育束缚了他。从符号学角度来分析,庄子

---

[1] 殷周金文集成 [M]. 中国社科院考古研究所, 编. 北京:中华书局, 2007:378.
[2] 孙稚维. 古文字研究 [M]. 北京:中华书局, 1979:295.
[3] 论语·大学·中庸 [M]. 陈晓芬, 徐儒宗, 注. 北京:中华书局, 2015:254.
[4] 张杰, 余红兵. 反思与建构:关于精神文化符号学的几点设想 [J]. 符号与传媒, 2020, 22 (秋季号):2-13.
[5] 庄子 [M]. 安继民, 高秀昌, 注译. 郑州:中州古籍出版社, 2016:108.

所说"不可语"是因为符号的发出者与接收者可能处于完全不同的时间与空间，所以符号接收者对符号的解释是非常不容易的。中国传统文化中的"三心合一"，则可以帮助人突破时间与空间的束缚，对人正确解释符号有着极大的帮助。正如塔拉斯蒂提出的"符号"（sign），或者是"超符号"（trans-sign）等概念一样①，也把符号意义与阐释主体即"人"，紧密联系在了一起。

"三心合一"显然既有"向外看"，又有"向内看"。"二元"认知模式重视"向外看"，而较少"向内看"，如同索绪尔"向外看"指出符号的"能指"与"所指"的一一对应关系，而忽略"向内看"符号阐述者的存在。"三心合一"式的"向外看"有道家的"为学日益"有儒家的"格物"等，其中墨子的"名、实、举"三方面与皮尔斯符号三分理论高度契合。"向内看"有道家庄子的"自见"，有儒家孔子的"默识"，孟子的"良知"，佛家的"自证"等。同时，内外又是一个整体，所谓"向外看"就是"向内看"（因为内外是一个整体），"向内看"也是"向外看"（也是因为内外是一个整体）。这种内外合为一个整体的认知法，就是当年伏羲画八卦时用的认知模式，即"近取诸身，远取诸物"。

"三心合一"与精神文化符号学的终极目标都是为了"真知"，运用纯符号学解读符号产生的知识有一定的局限性。庄子曾对知识提出过怀疑。庄子说："人皆尊其知之所知，而莫知恃其知之所不知而后知，可不谓大疑乎？"② 人们都尊重符号知识，但所有的符号都是依靠某种解读方式去解读的，所以符号的解读方式就显得非常重要。精神文化符号学认为，人的内在世界与外在的宇宙一样，都是无限的，因此人的认知可能也是无限的，对符号的阐释就是无限的。只有真正打开人的内在世界，摆脱固有的认知枷锁，才能解决庄子所说的"不可语"问题，最终实现追求心灵自由、解放符号意义的理想。

---

① 塔拉斯蒂. 存在符号学 [M]. 魏全凤，颜小芳，译. 成都：四川教育出版社，2012：19.
② 庄子 [M]. 安继民，高秀昌，注译. 郑州：中州古籍出版社，2016：73.

第三章
"用心若镜":精神文化符号学的认知模式与庄子的"吾丧我"

导　言：本章立足于《庄子》中"吾丧我"以及"至人用心若镜"等思想，认为在符号意义阐释的过程中，不应再把主观世界与客观世界分离，而是应该努力把符号认知的主客体关系转变成主体间性的联系，追求"主体有无之境"的理想境界，以期构建精神文化符号学的认知模式，从而实现释放符号意义，还符号以自由的学术理想和追求。本章首先探讨了"吾丧我"在符号主体活动中的状态，指出"吾丧我"并非彻底消解主体，而是要达到"心物合一"的境界。"吾丧我"对符号感知活动的意义在于追求"道"。其次，本章强调了"吾丧我"的目的是要从"自我"中解放出来，以获得至高的主体人格。最后，本章分析了"吾丧我"和精神文化符号学的内在联系，提出在"吾丧我"和"用心若镜"的状态中，释放符号意义是精神文化符号学所追求的目标。

长期以来，人类与自然的关系被视为是主体与客体之间的活动，主体对客体的认知符合一定的科学规律，则被定义为真理。在人类征服自然的过程中，主体的积极作用得到了充分的肯定。因此，人类的科学技术迅猛发展，社会生活不断改善。然而，这种以主体为中心的二分法，把人与所要认知的世界分割开来了，又不可避免地导致了人类社会文明的危机，即生态危机和孤独感，真可谓"宇宙不曾限隔人，人自限隔宇宙"[①]。

在符号学看来，世界是符号的世界，符号不仅是人类（主体）对客体

[①] 陆九渊. 陆九渊集[M]. 北京：中华书局，1980：483.

的表征,即所指与能指的对应(索绪尔),而且还是阐释者(主体)对符号表征的阐释,即符号三元关系中解释项的引入(皮尔斯)。显然,符号活动是基于人的主体的一种行为,与心理学有着密切的关系。

然而,精神文化符号学对符号活动的认知,明显迥异于西方符号学界,把符号活动视为是主体间性的行为,即符号表征的客体也是具有生命的主体,是"个性"而并非"个体"。精神文化符号学提倡走出主客体间性的羁绊,将符号学研究的任务不再局限于符号的表征或意义的感知,而是在符号阐释的过程中提升人的认知能力,拓展认知路径,能够自由、多元地解读宇宙天地间各种符号、包括人类的语言及非语言符号。

其实,在中国古代哲学思想中,对符号的认知就表现出自己的独特性。战国时期《庄子》中提出的"吾丧我"①"至人用心若镜"② 等观点,就是在强调一种独特的主体间性。具体说来,认知主体只有在放弃自我的主观意识,在"用心若镜"的状态下,才能够对认知对象进行主体间性的交流。"吾丧我"就是在追求主体既有又无的境况,这种主体有无之境接近先秦哲人的崇高理想——"道"。

本章主要从"什么是庄子无主体状态""庄子为什么追求无主体状态""无主体后之主体是什么"等方面,立足于《庄子》中"吾丧我"以及"至人用心若镜"等哲理,去探寻庄子关于"主体有无之境"的思想,以期构建精神文化符号学的认知模式,从而实现释放符号意义、还符号以自由的学术理想和追求。

一、"吾丧我"与符号活动的无主体状态

人处于无主体状态中还能感知世界吗?答案是肯定的。拉康认为,儿童早期没有主客体之分,新生婴儿虽然是独立的个体,但并没有主体意识,这时候处于主客未曾分离的混沌状态。拉康提出了"镜子阶段"的概

---

① 陈鼓应. 庄子今注今译 [M]. 北京:中华书局,2020:37.
② 陈鼓应. 庄子今注今译 [M]. 北京:中华书局,2020:234.

第三章 "用心若镜":精神文化符号学的认知模式与庄子的"吾丧我"

念,"自我"在意识确立之前并不存在,所谓意识的确立就是指人具有了自我的概念①。随着儿童的成长,开始逐步有了主观意识,主体性越来越清晰,对每一件事都有了自己的"看法"。因此才会产生这样的说法,1 000个人看《哈姆雷特》,会有1 000个哈姆雷特,因为每一个人对哈姆雷特阐释的主体意识是不一样的。

拉康的"镜子阶段"说明无主体是一种真实存在,而并非一个概念。艾柯用"照相阶段"(photograph stage)也说明了这种状态,艾柯的角度与拉康是一样的,只是照片与镜子对婴幼儿的刺激不一样,所以婴幼儿相对于照片的无主体状态要更持久一些,艾柯理论同样也佐证了无主体状态的真实存在。

显然,在西方学者那里,无论是"镜子"还是"照相",都是指儿童早期尚未形成主体性意识的状态。然而,在中国古典哲学中,无主体状态则形成于成年人中,甚至是成年人中的"至人"才能够达到的状态。庄子就用"镜子"对无主体状态进行了描述,他说"至人之用心若镜,不将不迎,应而不藏,故能胜物而不伤"②。这里的"至人"就是超越普通成年人的"智者"。拉康通过"镜子"反衬出儿童早期存在无主体的感知时期,而庄子主要是由"若镜"反映出智者排除杂念的一种心理状态。镜子既能够清晰照见外物,但又不会留下任何其他主观影响的痕迹。"不将不迎,应而不藏,故能胜物而不伤",这是标准的镜子照外物的状态,心就像一面镜子,对于外物是来者不挡,去者不留,应外物而不藏外物,所以能够反映外物而又不因此损心劳神。对于这种无主体状态的感知,老子的"涤除玄鉴"也有类似的寓意,此外"鉴者,镜也",所以"能察照万物"③。

以老庄为代表的道家哲学思想也引起了西方学者的高度关注。荣格认为,处于道家无主体状态时,人虽然无主体意识,但对外物的映照却非常清晰。荣格仔细研究了道家《太乙金花宗旨》中的无主体状态,并特别关

---

① 福原泰平.拉康:镜像阶段[M].王小峰,译.石家庄:河北教育出版社.2002:10.
② 陈鼓应.庄子今注今译[M].北京:中华书局,2020:234.
③ 老子[M].李存山,译注.郑州:中州古籍出版社,2017:59.

注到该书把无主体状态描述成"昏沉而知"①。荣格说"这部经典是这样描写昏沉的:'昏沉而不知,与昏沉而知,相去何啻千里',对最高程度的情感来说,它确实如此"②。他引用的这段道家经典的后文是"不知之昏沉,真昏沉也;知之昏沉,非全昏沉也,清明在是矣"③,由此可见,荣格比较充分地理解了这种无主体状态,即"用心若镜"的状态。

赵毅衡先生曾指出"符号是携带意义的感知"④,婴幼儿尚未形成"感知"的无意识活动,就不应该属于符号学研究的范围,只有"用心"的感知,才是符号学研究的主要对象。东方哲人希望成年人对世界的感知,能够返回到排除杂念的婴幼儿状态,成为"至人"。老子反复赞叹婴儿的状态,他感叹道:"能婴儿乎?"⑤

究竟应该怎样才能够达到"用心若镜"的境界,庄子提出要用"吾丧我"的方法。"吾丧我"才是庄子"用心若镜"思想的关键,否则"用心若镜"对于成年人只能是一种理想的期盼。"吾丧我"语出《齐物论》,庄子借得"道"之人南郭子綦的话提出了"吾丧我"的理念。子綦曰:"今者吾丧我,汝知之乎?"⑥晋朝郭象注曰:"吾丧我,我自忘矣;我自忘矣,天下有何物足识哉!"⑦唐朝成玄英对"吾丧我"的理解与郭象差不多,成玄英对"丧"单独解读"丧,犹忘矣"⑧。民国章太炎在《齐物论释》中也表达了相似观念,孟琢在研究《齐物论释》中进一步指出:"在'吾'和'我'的关系中,'丧'不是对'我'的否定——否定了'我','吾'又将何以独存呢?"⑨当代陈鼓应把"吾"与"我"分开来,他认为"吾"指真我,在其《庄子今注今译》中,他认为"'丧我'的'我',指偏执的我。

---

① 卫礼贤,荣格. 金花的秘密 [M]. 邓小松,译. 合肥:黄山书社,2011:148.
② 同上.
③ 张其成. 张其成全解太乙金华宗旨 [M]. 北京:华夏出版社,2018:35.
④ 赵毅衡. 符号学原理与推演 [M]. 南京:南京大学出版社,2011:1.
⑤ 老子道德经注 [M]. 王弼,注. 楼宇烈,校释. 北京:中华书局,2011:25.
⑥ 庄子注疏 [M]. 郭象,注. 成玄英,疏. 北京:中华书局,2011:24.
⑦ 同上.
⑧ 同上.
⑨ 孟琢. 齐物论释疏证 [M]. 上海:上海人民出版社,2019:13.

第三章 "用心若镜":精神文化符号学的认知模式与庄子的"吾丧我"

'吾',指真我"。陈鼓应进一步解释说,"吾丧我:摒弃我见。由'丧我'而达到忘我、臻于万物一体的境界"①。

除了"丧我",在庄子的其他论述中,还有类似的"无己""忘己"等。《逍遥游》中就有"至人无己"②,《天地》中有"忘己之人,是之谓入于天"③。《齐物论》中还有"莫若以明"④一词,"以明"有"止明""去明""弃明""不用明"的意思。显然,庄子是希望主体意识很强的成年人,通过"吾丧我"的方法,达到"用心若镜"无主体状态,所以庄子说:"圣人之心静乎,天地之鉴也,万物之镜也!"⑤

道家虽然直接提出了"吾丧我"思想,但在儒家、佛家的学说中同样也存在相关的说法。被朱熹定为儒家四书的《大学》,在其首章写道"知止而后有定"⑥,这里的"止"字就有停止杂念的"吾丧我"过程;同样,孟子推崇的"不虑而知"⑦,"不虑"即"丧我"。禅宗惠能的著名偈语"本来无一物,何处惹尘埃",是非常明显的去主体化,希冀通过无主体状态获得更高层次的智慧。

"吾丧我"与西方结构主义的"去中心化"(decentering)不一样。"吾丧我"并非彻底"消解主体","丧我"只是"丧"与客体对立意义上的主体,"吾"还在,庄子不是"吾丧吾",不是结构主义哲学家福柯所说的"人的死亡"。"丧我"有些类似于胡塞尔的"现象学的悬置"(phenomenological epoche),胡塞尔推崇直觉,而把非直觉的认知"悬置"起来,虽然"丧我"与"悬置"有共同之处,但庄子的目标是心物合一,而不是在主体意识上寻真知,只是在追求胡塞尔所说的"本真的表象"(genuine presentation)方面有相通的寓意。

此外,荣格表现出对东方哲学的浓厚兴趣。他认为"西方基督教所表

---

① 陈鼓应. 庄子今注今译[M]. 北京:中华书局,2020:40.
② 庄子注疏[M]. 郭象,注. 成玄英,疏. 北京:中华书局,2011:12.
③ 庄子注疏[M]. 郭象,注. 成玄英,疏. 北京:中华书局,2011:232.
④ 庄子注疏[M]. 郭象,注. 成玄英,疏. 北京:中华书局,2011:248.
⑤ 同上.
⑥ 礼记[M]. 胡平生,张萌,译注. 北京:中华书局,2017:1161.
⑦ 孟子[M]. 朱熹,集注. 上海:上海古籍出版社,2016:186.

现的更多是意识层面的对峙和紧张,东方则表现为对无意识的重视,重视无意识是东方人格保持均衡与完满的重要基础"①。荣格认为与"意识"层相对的是"无意识"层,这是一片更为广阔的心灵空间,"无意识"决定"意识",而"集体无意识"则是"人的心灵拥有一个超越所有文化和意识的共同基底"。荣格正是在"无意识"尤其是"集体无意识"层面上论说道家的这种无主体状态,也就是庄子的"吾丧我"状态。

以老庄为代表的"吾丧我"思想,即无主体状态,是精神文化符号学所坚持的符号感知活动的理想途径。

二、"吾丧我"对符号感知活动的意义

人类认知能力的提升是一个从无意识到有意识、意识能力不断进化的过程。然而,"吾丧我"的思维方式则以丧失主体意识、回归无意识状态为目的。这是否是一种感知方式的"倒退"?为什么古人即便知晓成人无法回归婴幼儿状态,还要反复强调呢?"吾丧我"对于符号感知活动的意义究竟何在?

黄帝其实对此早有解答,他曾说"无思无虑始知道",② "无思无虑"就是无主体状态,先哲追求婴幼儿那种"无思无虑",目的就是为了"道"。庄子"吾丧我"的原因也是为了得"道"。中国古代先哲非常注重知"道"、得"道"或成"道",荣格就敏锐发现了这一点。他在评述道家经典《太乙金花宗旨》时说"向西方人解释这一经典和与其相类似的内容所面临的最大的困难是中国的大师们一上来就以中心思想作为开篇,就是我们说的目标,他一上来谈论的就是他想要达到的终极境界"③,这个"终极境界"就是"道"。

荣格进而探讨了"吾丧我"与得"道"之间的关系。他指出,在人的

---

① 卫礼贤,荣格. 金花的秘密 [M]. 邓小松,译. 合肥:黄山书社,2011:90.
② 庄子注疏 [M]. 郭象,注. 成玄英,疏. 北京:中华书局,2011:389.
③ 卫礼贤,荣格. 金花的秘密 [M]. 邓小松,译. 合肥:黄山书社,2011:36.

第三章 "用心若镜":精神文化符号学的认知模式与庄子的"吾丧我"

心理活动中,"意识"层下更大空间的"无意识"中存在着深层的"集体无意识"。可以从这一层面上去体会东方哲人推崇无主体状态的原因。实际上,"丧我"就是为了让"吾"进入"无意识"状态,达到无主体化境界,从而直觉感知"集体无意识",即"道"。荣格认为"道"是"自觉的道路"①,这种"自觉"是对"无意识"领域的自觉。

在符号感知活动中,西方人偏重于"理",而东方偏重于"道"。中国先哲认为,万事万物都是"道"的载体,得"道"是一切活动的首要方向。从认识论的角度看,得"道"的人可以极大提高人的"能知"力。老子所说的"为学日益"②是在"所知"上提升人,而"为道日损"③是在"能知"方面帮助人,老子很显然更重视"为道日损","为道日损"的过程就是"吾丧我"的过程。

"丧我"是为了去掉阻碍人得"道"的那些主观意识,庄子用了各种名称来说明这种意识,比如"成心"④"机心"⑤"滑心"⑥等。这些"心"都脱离本真之心,远离了人的本性,会对人的认知产生负面作用。较庄子更远时代的《列子·说符》中的寓言"邻人窃斧"就说明了这一道理。列子认为,认知主体很容易被自己的偏见所蒙蔽,因此才会误以为邻居偷斧。如果主客体高度分离,主体具有主动性,而客体是被动的,主体很容易将主观意识强加给客体。如果借"镜子"来比拟这种认知,那么成年人的主体如同凹凸镜,一不小心就会夸大或缩小映照物。

"丧我"也是为了解决"是亦一无穷,非亦一无穷也"⑦这个困境,是与非本来就是相对的,如果无休止的陷于是与非之中就会失去对真知的关注。不去纠结是非,就是不局限于是非,超然之上才能感悟"道"的存在。主客体二分法容易产生对立而过于注重区别并争执是非,人的行为与

---

① 卫礼贤,荣格. 金花的秘密[M]. 邓小松,译. 合肥:黄山书社,2011:37.
② 老子道德经注[M]. 王弼,注. 楼宇烈,校释. 北京:中华书局,2011:132.
③ 同上。
④ 陈鼓应. 庄子今注今译[M]. 北京:中华书局,2020:55.
⑤ 陈鼓应. 庄子今注今译[M]. 北京:中华书局,2020:329.
⑥ 陈鼓应. 庄子今注今译[M]. 北京:中华书局,2020:343.
⑦ 陈鼓应. 庄子今注今译[M]. 北京:中华书局,2020:60.

精神活动被定理、规律等各种符号简化概括。庄子则通过"吾丧我"超越这种简单的是非观,进入"道"的层面。庄子曰:"有以为未始有物者,至矣尽矣,不可以加矣。其次以为有物矣,而未始有封也。其次以为有封焉,而未始有是非也。是非之彰也,道之所以亏也"①,张岱年给出的解释是"最高的知,是见道不见物,没有物我的区别。其次分别物我,而对于物尚不更加区分。又次则对于物亦加区划,而尚无所是非取舍于其间。分别是非,就不能认识道了"。②

庄子的"吾丧我"不仅能够帮助人得"道",还能有利于人们感知非符号,无主体产生的"心物一体"状态,有助于获得非符号。因明学"论境"颂云:"境从体性分物与无物、有为与无为、常住与无常"③,非符号就是指那些"无物""无为""无常"之境。《道德经》首章也提出了"无名"的概念,"无名天地之始"④,把"无名"放在极高的境界。佛主"拈花一笑"⑤,这里的"花"不是佛所要传递的符号,"笑"也不是佛所要传递的符号,是"花"与"笑"背后的非符号,只有在"吾丧我"的状态中,彼此的心才能相通这种非符号。当人们需要大量研究"空符号""无符号""虚符号"这些非符号之符号时,庄子的"吾丧我"可以提供有力的思想支撑。

"道"是不可说的,老子曰:"道可道,非常道。"⑥ "道"不等同于"共通感",但"道"与每个古老民族之间的"共通感"一定相关。"共通感概念在康德之前就已有悠久的历史和丰富的含义。在古希腊哲学、古罗马哲学、中世纪哲学和德国古典哲学中这个概念都有出现"⑦,如果一种"感觉"在每个民族都有,那么其意义一定很大,中文中的"共通感"的概念是研究康德的《判断力批判》时才开始运用,但先秦哲学中几乎各门

---

① 陈鼓应. 庄子今注今译 [M]. 北京:中华书局,2020:72.
② 张岱年. 中国哲学大纲 [M]. 南京:江苏教育出版社,2005:480.
③ 杨化群. 藏传因明学 [M]. 北京:中华书局,2009:158.
④ 老子道德经注 [M]. 王弼,注. 楼宇烈,校释. 北京:中华书局,2011:2.
⑤ 五灯会元 [M]. 普济,辑. 朱俊红,点校. 海口:海南出版社,2011:13.
⑥ 老子道德经注 [M]. 王弼,注. 楼宇烈,校释. 北京:中华书局,2011:2.
⑦ 周黄正蜜. 康德共通感理论研究 [M]. 北京:商务印书馆,2018:5.

第三章 "用心若镜"：精神文化符号学的认知模式与庄子的"吾丧我"

各派都有"共通感"的概念，只是没有用"共通感"这个词语。比如，孟子曰"恻隐之心人皆有之"①，"人皆有之"就是"共通感"。而且先秦哲人关注中的"共通感"主要是在特殊状态中的"共通感"，庄子的"吾丧我"就是这种状态之一。真正理解庄子，可以用庄子的"吾丧我"的具体方式实修，则能产生与庄子类似的"共通感"。

中国古代哲人所追求的"道"很明显具有主体间性特质，先哲没有给"道"一个详细清晰的定义，但主体间性有明确的定义。《西方哲学英汉对照辞典》指出："如果某物的存在既非独立于人类心灵（纯客观的），也非取决于单个心灵或主体（纯主观的），而是有赖于不同心灵的共同特征，那么，它就是主体间的……主体间的东西主要与纯粹主体性的东西相对照，它意味着某种源自不同心灵之共同特征而非对象自身本质的客观性。心灵的共同性和共享性隐含着不同心灵或主体之间的互动作用和传播沟通，这便是它们的主体间性。"② 解释"道"时用上主体间性，"道"仿佛变得可道了。

庄子的"吾丧我"不是完全虚无的无主体，而是有明确的目标，就是追求得"道"。人在得"道"后，将极大提高自身在符号活动中的各种感知能力。

三、"吾丧我"之后的主体有无之境

"吾"丧"我"后之"吾"是"至人"，是"用心若镜"的"至人"。"至人"是有主体人格的得"道"之人。庄子强调"吾"丧"我"，而非"吾"丧"吾"，显然他希望成年人要成为"至人"。

庄子有时也用"真人"③ 或"神人"④ 这样的名称，"真人"或"神人"

---

① 孟子 [M]. 朱熹，集注. 上海：上海古籍出版社，2016：153.
② 西方哲学英汉对照辞典 [M]. 布宁，余纪元，编著. 北京：人民出版社，2001：58.
③ 庄子注疏 [M]. 郭象，注. 成玄英，疏. 北京：中华书局，2011：126.
④ 庄子注疏 [M]. 郭象，注. 成玄英，疏. 北京：中华书局，2011：12.

与"至人"只是层次有差别，但都属于得"道"的人。这种人不是整天处于无主体状态，而是游刃于有无主体状态。从符号活动的角度来看，"至人""真人"或"神人"是能正确领悟天地间各种符号意义的人。"吾丧我"毕竟是个比较难以用语言描述清楚的命题，所以道家后来运用"识神"与"元神"来说明，无主体状态就是隐藏了"识神"，隐藏了"识神"就可以发挥"元神"的作用。"元神"出后，"识神"同样也能发挥作用，但是出"元神"的过程必须先去掉"识神"。

在西方哲学家中，荣格就很关注道家的"识神"与"元神"。荣格的集体无意识理论中有两个非常重要的原型，即阿尼玛（anima）和阿尼姆斯（animus）。荣格把这两个原型与道家的魂魄相呼应，而魂魄属于"元神"。无主体化是暂时去掉了"意识"这个"识神"，这样"个体无意识""集体无意识"就显现出来。荣格是从"集体无意识"角度来理解道家"元神"的。庄子的"吾丧我"，如果用荣格关于自性（self）与自我（ego）的学说阐释，就较容易理解，荣格说："如果潜意识也能像意识那样，作为可以影响人的能量而得到认可，一个人个性与人格的重心会出现转移。重心会离开意识的中心——自我，来到意识与潜意识之间。这个点可以被称为自性。这样一个变换成功的结果，就是不再需要神秘参与。换句话说，一个在低层次受苦受难的人格成长到了忧喜不侵从而无忧恐怖的更高层次"。① 荣格强调，恢复"自性"这个过程不需要外力，不需要"神"的帮助，自己就可以摆脱漂漂不定的自我意识干扰。

"吾丧我"是真正的人性解放，从"神"那里解放出来，从"自我"中解放出来。荣格认为人有自性与自我，自我仅仅是意识的主体，而自性是包括无意识在内的精神世界整体。按照荣格思想，得"道"的过程是一个人就可以完成的，这个过程是"意识与潜意识的再次统一"，"再次统一的目的是获得'意识的生命'（慧命），或者用中国的术语来说，就是要'成道'"②，按照荣格的这种理论去推论庄子的"吾丧我"，"吾丧我"中

---

① 卫礼贤，荣格. 金花的秘密 [M]. 邓小松，译. 合肥：黄山书社，2011：63.
② 卫礼贤，荣格. 金花的秘密 [M]. 邓小松，译. 合肥：黄山书社，2011：38.

的"吾"就是"自性","我"就是"自我",意思是主体丧"自我"后"自性"将复苏,成为"至人"。也就是说,庄子并不否定主体的存在,这个主体就是"自性"。

这里借用禅宗的理念来对应庄子的主体有无之境。《禅宗公案》中,一位高僧在回答"得道"与"砍柴担水做饭"之间的关系时,说道:"得道前,砍柴时惦记着挑水,挑水时惦记着做饭;得道后砍柴即砍柴,担水即担水,做饭即做饭。"显然,"得道"前的主体是"自我","自我"由漂浮不定的意识和念头构成,所以"砍柴时惦记着挑水""挑水时惦记着做饭",得道后的主体是"自性"。"自性"则安定从容,活在当下,所以"砍柴即砍柴""担水即担水""做饭即做饭"①,同样的主体做同样的事,但境界不一样了。庄子称这样的主体性为"真宰"②,"真宰"的主体为"真君"③。

可见,无主体的"丧我"目标是去掉伪主体,伪主体去掉后,才能让真主体出现。这里与笛卡儿的"我思故我在"恰恰相反,先去掉"我思"会发觉"我在",也就是说存在与认知之间的关系是应该首先找到存在,通过主客体性发觉的存在是伪存在,去掉主客体性后的存在才是真存在,"我在"后才有"我思"。借用笛卡尔的话说,"我不思故我在,我在故我思。"如果笛卡尔的"我思"是主体,那么庄子的"我在"是主体。

庄子的"吾丧我"不是简单的无主体,而是处于有无主体之境,"至人"不是虚无主义者,"至人"拥有至高的主体人格。

四、庄子"吾丧我"与精神文化符号学

精神文化符号学的任务是走出主客体间性的羁绊而走向主体间性,客体也是有生命的,研究对象是"个性"而不是"个体"。庄子的"吾丧我"

---

① 五灯会元[M]. 普济,辑. 朱俊红,点校. 海口:海南出版社,2011:1537.
② 陈鼓应. 庄子今注今译[M]. 北京:中华书局,2020:51.
③ 同上。

突破了自我为主体的局限性，进入了自性为主体，而万物的本性是相通的。

庄子在《秋水》中曾有一段与惠子关于水中鱼的对话。庄子在"丧我"中，与水中鱼建立了主体间性的关系，即"共通感"，所以庄子"知鱼之乐"。惠子则认为庄子不可能知道鱼是否快乐[①]。西方哲学家海德格尔曾指出，如果仅仅在主体与客体对立的领域去寻找正确认识是不足的。他提醒人们不要忽视主体与客体融为一体之后的认知状态，因而提出"澄明"状态[②]。庄子"知鱼之乐"很可能就是在这种"澄明"状态下感知到的，而不是用主客体的关系进行分析，因为主体意识永远不可能真正进入客体身体。精神文化符号学的认知模式就是要建立在庄子的"吾丧我"主体间性的基础之上。

精神文化符号学倡导意义释放，突围权力话语的制约，追求无本质的本质论。从整体上看，本质是变化的、多维的、不确定的，因此是"无"；从局部上看，本质又是存在的，是相对确定的，取决于视角与方法。在"吾丧我"的"用心若镜"状态中，释放符号意义是精神文化符号学所追求的目标。

孟子曰"尽信《书》，则不如无《书》"[③]，庄子的"吾丧我"可以帮助人摆脱仅从概念上演绎文本的固定思维模式，因为概念思维只能解决人类符号活动中的部分问题，不能解决根本问题。庄子在《齐物论》中用了很多对仗式的语言，来说明概念思维的局限性，他不是希望把问题复杂化，而是指出人不应该纠结于概念思维不能自拔，更重要的是要悟出"道"。庄子提出的"吾丧我"就是寻"道"的学问。庄子反对过分依靠语言文本，因为语言的作用是有限的，他说"夫言非吹也，言者有言。其所言者，特未定也，果有言邪？其未尝有言邪？其以为异于鷇音，亦有辩

---

① 庄子注疏 [M]. 郭象，注. 成玄英，疏. 北京：中华书局，2011：329.
② 海德格尔. 存在与时间 [M]. 陈嘉映，译. 北京：生活·读书·新知三联书店，2014：155.
③ 孟子 [M]. 朱熹，集注. 上海：上海古籍出版社，2016：204.

第三章 "用心若镜":精神文化符号学的认知模式与庄子的"吾丧我"

乎?其无辩乎。"①

精神文化符号学从主体间性的维度,重点揭示符号之间的精神联系。世界上的万事万物都处于变化之中,处于变化的时空体之中。精神文化符号学将探索如何变化的过程,揭示变化的缘由。庄子的"吾丧我"不是研究"庄子丧庄子"的学问,而是符号接受人"自己丧自己"然后体知"吾丧我"的过程。庄子不仅希望从认识层面上理解"吾丧我",还希望从身体的角度实证"吾丧我",庄子有"坐忘""心斋"等"吾丧我"的具体方法论。这种方式古人有个统一的名称叫"近取诸身"②,孟子非常善于运用这种方式,孟子提出"良知"是"不虑而知",是与生俱来,与学习知识无关。孟子让人在自己身体上实证,去寻找自己的"良知"。

庄子的"吾丧我"是进入无主体状态,进入无主体状态的人会产生"用心若镜"的感知,在无主体状态中,人消解了主体自我意识,此时非意识层面的"真君"同样可以感知到世界,这种境界有助于人们获得"道",而"道"又可以极大地推动人的符号活动,这种无主体又有主体的符号活动过程,可称为符号活动者的主体有无之境。

庄子曰"天地与我并生,而万物与我为一。既已为一矣,且得有言乎?既已谓之一矣,且得无言乎?一与言为二,二与一为三"③,庄子表述了符号认知过程与阐述者解读过程可能会产生的偏差,庄子认为,如果本来是"一",以语言符号表了"一",那么这成了"二",再与本来的"一"相加后就变成了"三",说"一"即成"三"。重温庄子的"吾丧我",游刃于主体有无之境,成为一名"至人",达到"用心若镜"的符号认知状态,便可以"抱一守全"而得"道",而达成精神文化符号学还符号以自由的理想认知模式。

---

① 庄子注疏[M]. 郭象,注. 成玄英,疏. 北京:中华书局,2011:33.
② 周易注校释[M]. 王弼,注. 楼宇烈,校释. 北京:中华书局,2012:247.
③ 陈鼓应. 庄子今注今译[M]. 北京:中华书局,2020:78.

第四章
"能所观":"理性的直觉"的认知模式探索

导　言：中西方符号学界对"符号自我"的认识有所不同，前者注重直觉中的自我，而后者侧重自我的理性分析。本文基于中国传统文化中的"能所观"，分析直觉感知所蕴含的理性特征，努力探索如何通过"实修"延长直觉的时间性，使得"符号自我"进入既无"向上还原"也无"向下还原"的"守中"状态，从而打通由"通"及"道"的途径，以期构建精神文化符号学"理性的直觉"的认知模式，寻求人类合理的自我优先存在模式。

在西方的符号学研究中，符号活动及其研究通常是在理性思维的范式中展开的。无论是索绪尔、皮尔斯、莫里斯，还是巴赫金、洛特曼、艾柯、西比奥克等，都是在探索符号的表征意义，哪怕是罗兰·巴特等解构主义理论家对符号意义的消解，也均是把符号学研究视为一种理性极强的科学研究。美国符号学家诺伯特·威利更是在《符号自我》一书中赋予符号以自我的生命力。他明确指出"符号自我"是理性运动的产物，深刻揭示了"符号自我"的基本运动方式，即"向上还原"与"向下还原"。威利进一步具体阐释道，"符号自我"的向下运动就还原成身体符号，向上则还原成身份符号。[①] 中国符号学家赵毅衡认为："无论是向上还是向下的运动，都是自我本身的位移，都没有脱离自我符号行为本身的范围，但是位

[①] 威利. 符号自我[M]. 文一茗, 译. 成都：四川教育出版社，2011：176-226.

第四章 "能所观":"理性的直觉"的认知模式探索

移有可能破坏自我的控制能力"①,赵毅衡先生指出了两种还原均属自我的理性行为,也敏锐地发现了这种运动有可能造成的失控,即理性难以掌控的状态。那么这种"位移有可能破坏自我的控制能力"究竟是什么?是否存在着既"非身体"又"非身份"的"守中"状态呢?

"符号自我"的位移或许可以因"破坏自我"滋生出许多状况,但既非"向上"也非"向下"的"守中"状态,也就是在理性之中超越理性的符号活动,是尤其值得深入探讨的。这就是"理性的直觉",一种处于上下理性活动之中的直觉活动。其实,对这一活动的阐释早已出现在中国传统文化中。老庄哲学的不少著述对理解"守中"状态的"符号自我"具有独特价值。在老庄哲学体系里,直觉有着理性的前提。理性的"实修"与理性思维的目标,就是要达到一种"理性的直觉"状态。

本文立足于中国传统文化的"能所观",分析直觉感知所蕴含的理性特征,并重点探寻这种"理性的直觉"的时间性问题,借用威利的"符号自我"概念,努力构建既无"向上还原",也无"向下还原",处于"守中"状态的"符号自我",即自我的符号化,并且以此进一步完善精神文化符号学的认知模式。

一、"能所观":"理性的直觉"的前提

在中国传统文化中,"体道""体物""尽心""用心若镜"等都是直觉的感知方法,这种直觉不同于人类的原始直觉,并非生理本能与外界刺激产生的直觉,而是一种"理性的直觉"。显然,推崇理性直觉不应是为了回到非理性的混沌状态,而是为了获得超理性的智慧。中国古代哲学对主体与客体的区分主要体现在"能"与"所"的区分。"能"是指主体,"所"是指客体。这一区分是"理性的直觉"的前提,如果不经过理性对

---

① 赵毅衡. 符号学原理与推演[M]. 南京:南京大学出版社,2011:367.

"能"与"所"加以区分,就不能真正发觉"能"与"所"分离的不足,也不能真正激发"能"的主体能动性,从而通过"实修"去超越理性。因此,厘清"能所"观,是把握"理性的直觉"的关键。

庄子在《齐物论》中明确提出"能知"与"所知"的概念,表明了自己的"能所观"。他说"故知止其所不知,至矣。孰知不言之辩,不道之道?若有能知,此之谓天府"[①],这里的"天府"是"形容心灵涵摄量的广大","能知"与"所知"("所不知")也同时出现在这句话中。庄子的"能知"有着强烈的主体性,他希望通过"能知"的提升,达到"不言之辩,不道之道"的境界。同时,"所知"("所不知")的客体性也是显而易见的。庄子在《德充符》中又提出"一知之所知",唐代成玄英注"'一知',智也。'所知',境也。能知之智照所知之境"[②],成玄英认为,庄子的"一知之所知"就是"能知之智照所知之境"。这句话非常类似于现代西方哲学中的主客体思想。"能知之智"是指主体具有的智慧,"所知之境"则是指客体对象,"照"则是指主体对客体的认识过程。显然,庄子的论述把"能"与"所"清晰地区分开来。他的"用心若镜"等直觉体验,是建立在理性区分主体与客体基础上的。

先秦哲学关于"能""所"的说法不尽相同,但"能""所"有别的基本概念是一致的,都是为了明确区分主体与客体。比如,《管子》提出"所以知"与"所知"的概念。《管子》说"其所知,彼也;其所以知,此也"[③],其中"所知""所以知"就是为了区分客体与主体。《管子》类似于直觉的"心术"等方法,也是建立在主客体有别的理性认知基础上的。在很多中国传统的经典著作中,虽然没有像庄子、管子等一样运用"能"或者"所"二字,但主客分明的理性主义区分是非常清晰的。《周易》是用"思"与"位"来区分主体与客体。《周易》推崇的直觉"感而遂通"是以

---

① 陈鼓应. 庄子今注今译 [M]. 北京:中华书局,2020:81.
② 陈鼓应. 庄子今注今译 [M]. 北京:中华书局,2020:155.
③ 中国哲学大辞典 [M]. 张岱年,主编. 上海:上海辞书出版社,2014年:46.

第四章 "能所观":"理性的直觉"的认知模式探索

"思"(主体)、"位"(客体)有别为基础的。明末清初思想家王夫之指出"所谓'能'者即思也,所谓'所'者即位也,《大易》之已言者也"[①],也就是说《周易》中的"能""所"关系体现在"思""位"关系中。在《中庸》中,这种主客体之分是用"己"与"物"来表述的。中庸倡导的类似于直觉的"率性"也是建立在理性的"己"(主体)与"物"(客体)相区分的基础之上的。对此,王夫之阐释道:"所谓'能'者即己也,所谓'所'者即物也,《中庸》之已言者也"[②],指明了"能""所"关系在《中庸》里体现为"己""物"关系中。

尤其值得强调的是,中国传统文化中的"能所观"除了明确主客体关系之外,还同时指明了直觉的重要意义。这也进一步说明"能所观"是"理性的直觉"的前提。对此,王夫之总结得非常精辟:"所不在内,故心如太虚,有感而皆应。能不在外,故为仁由己,反己而必诚"[③],"所不在内"是指客体("所")不在主体内部,"能不在外"是指主体("能")不在主体之外,所以这句话含有理性的"能所相分"的寓意,同时也指明了"能所相合"的重要性及方法,即通过"反己而必诚"的实修,达到"心如太虚"的直觉状态,进而产生"有感而皆应"的直觉感知。无论是"所不在内",还是"能不在外",都不仅仅表述主客体关系,还赋予了与"理性的直觉"相关联的寓意,由此可见,王夫之有力地总结出了中国传统文化里主客体之分的内在逻辑与普遍特质,理性的主客体分离之后,则偏重于运用直觉的方式感知世界。

近代章炳麟所运用的"能诠"与"所诠"中的"能所观"已不再代表主客体,章炳麟的"能诠"与"所诠"类似于索绪尔符号学的"能指"与"所指",至此中国的"能所"概念开始逐步转化,不再承担主客体概念。章炳麟在《齐物论释》中说:"且又州国殊言,一所诠上,有多能诠。若

---

① 王夫之. 船山全书:第二册[M]. 长沙:岳麓书社,2011:377.
② 同上.
③ 王夫之. 船山全书:第二册[M]. 长沙:岳麓书社,2011:380.

诚相称,能诠既多,所诠亦非一,然无是事,以此知其必不相称",这里"能诠"是指名称或概念①,"所诠"即客观的事物,即能诠(名)所称谓、反映的对象②。章炳麟认为,不同的地区和国家,对同一事物对象有不同的概念名称,所以他提出"能诠"("能指")和"所诠"("所指")必定不能完全相符合的符号学观点。此后,随着西方哲学思想的不断进入,中国文化开始应用"主体"与"客体"这样的哲学用语,而不再运用"能"与"所"表示主体客体。

关于理性与直觉的关系,在西方哲学中有"理智的直觉"这样的名称与概念。西方哲学中"理智的直觉"是指:"'理性的洞见',是理性主义传统所主张的一个重要官能。笛卡尔认为它是对演绎的起点的认识。斯宾诺莎认为它是'科学的直观',是认识三样式中的最高级的样式"③。西方"理智的直觉"偏重于人类在理性活动中产生的"瞬间性"的直觉感知,这种认识活动的基础是理性活动,而直觉只是在"不经意"间产生,所以西方"理智的直觉"究其根本还是理性活动的一部分,虽然带有一定程度的非理性成分。然而,在中国传统文化中,"体道""体物"等直觉活动是为了理性地把控直觉,尽管有着理性的"能所"分离作为前提和理性的"实修"过程等,但究其根本仍是直觉活动的一部分。虽然西方"理智的直觉"有别于中国传统文化中的"直觉",但是张岱年所说的"兼重直觉与思辨"④ 是东西方的一种共同现象。

总之,在中国传统文化中,"体道""体物"等属于直觉活动,这种直觉活动建立在明确的主客体有别的基础上,所以是"理性的直觉"。中国传统文化中主客体分离的关系主要体现在"能""所"分离,以及隐含在"思"与"位""己"与"物""体"与"用"等关系的传统哲学核心概念中。中国古代哲人深刻思考了主客体问题,虽然没有形成非常完整的主客

---

① 中国哲学大辞典 [M]. 张岱年, 主编. 上海:上海辞书出版社, 2014:716.
② 中国哲学大辞典 [M]. 张岱年, 主编. 上海:上海辞书出版社, 2014:717.
③ 西方哲学英汉对照辞典 [M]. 布宁, 余纪元, 编著. 北京:人民出版社, 2001:520.
④ 中国哲学大辞典 [M]. 张岱年, 主编. 上海:上海辞书出版社, 2014:476.

体哲学系统，但"能""所"等思想的理性特质是毋庸置疑的。因此，中国传统文化中提倡的直觉，其实是先哲们从主客体分离的理性思维出发，为了追求超理性境界，努力重返主客体融合的一种存在状态。正如梁漱溟所说"中国古代那很玄深的哲理，实是由理智调弄直觉所认识的观念，不单是直觉便好"①，他指出"能所观"是"理性的直觉"前提，也是中国古代先哲进一步通过"实修"改变直觉"瞬间性"问题的前提。

二、"丧其耦"："实修"过程的结果

"时间性"是直觉赖以存在的关键，直觉是"瞬间的"。直觉通常是人作为主体无法任意把控客体对象的一种短暂状态。一旦人长时间地掌控客体，就会进入理性状态，直觉这种"瞬间的"洞察也就随之消失。为了解决直觉的时间性问题，中国古代先哲在"能所二分"基础上，寻求"能所各息"。所谓"能所各息"是去除"能所"之间的隔阂，使"能所"归于一体，以此来解决直觉的"瞬间性"问题。"能所各息"是唐代道家王玄览提出的概念，他指出只有"能所各息"，才能进入"寂"的直觉境界，尽管王玄览吸收了一些佛学的"能缘"与"所缘"思想，但他提出的"能所各息"概念的主要源头还是老庄思想。

庄子的"丧其耦"（"耦"作"偶"）②是"能所各息"思想的主要源头之一。庄子认为"我"与"物"相对为"偶"，或者说是"能"与"所"相对为"偶"，"丧其耦"就是消除"我"与"物"的界限，或者说是消除"能"与"所"的界限，也就是"能所各息"的寓意。"能所各息"的本质是"能息"，而不是"所息"。因为"能息"之后，主体切断了"能"与"所"的联系，便进入了"能所各息"的状态。"能息"的方法就是庄子的"吾丧我"的办法。所谓"吾丧我"就是消解主体，让已建立起主体意识

---

① 梁漱溟. 梁漱溟全集 [M]. 济南：山东人民出版社，2005：486.
② 陈鼓应. 庄子今注今译 [M]. 北京：中华书局，2020：37.

的成年人重返无主体意识的状态。"吾丧我"是"实修"的过程,而"丧其耦"是"实修"的结果。庄子的"吾丧我"与"丧其耦"合在一起,就是一个非常完整的"能所各息"直觉状态。"吾丧我"消解了自我,用"吾"的毅力克服了"我"的种种杂念干扰,因此产生的直觉就不再是"瞬间的",而是可持续的。在"吾丧我"的"实修"过程中,人体验到的是"丧其耦"的存在状态,即"能所各息"的"寂"的直觉境界。

除了"吾丧我"之外,先秦文化经典中还有很多名称来描述这样的"实修"过程,仅庄子就用了许多特殊词汇,如"坐忘"[①]"心斋"[②]"尸居"[③]"朝彻"[④]"虚室生白"[⑤]等。庄子的"实修"方式在或动或静的状态中,即坐、卧、行之中,都可以进行。虽然表述各异,但目的只有一个,就是阻止人的各种后天理性杂念进入直觉状态。这种"实修"过程是非常理性的行为,为了能够更理性地把这种"实修"过程描述清楚,后期道家总结出"三调",即通过调整身体、呼吸及心态,从而进入无主体的直觉状态。

显而易见,通过"实修"过程,真正进入直觉状态,从而延长直觉的时间,使直觉不再是"瞬间的",这既是老庄哲学的重要特征之一,更是中国传统文化的一个鲜明特质。

直觉的"瞬间性"也一直是西方哲学关注的重要问题。西方哲学对直觉的定义是:"一般指心灵无需感觉刺激之助,无需先行推理或讨论,就能看见或直接领悟真理的天生能力。它是通过瞬间的洞察对普遍中的特殊事物的认知。直觉知识因此同推理的知识区分开来"[⑥]。当人感受到直觉的存在之后,会不由自主地运用后天所学习的知识对直觉感知进行推理,这时这种领悟真理的天生能力就立刻隐退了,所以直觉是"瞬间的"。直觉

---

① 庄子注疏 [M]. 郭象, 注. 成玄英, 疏. 北京:中华书局, 2011:156.
② 庄子注疏 [M]. 郭象, 注. 成玄英, 疏. 北京:中华书局, 2011:81.
③ 庄子注疏 [M]. 郭象, 注. 成玄英, 疏. 北京:中华书局, 2011:203.
④ 庄子注疏 [M]. 郭象, 注. 成玄英, 疏. 北京:中华书局, 2011:140.
⑤ 庄子注疏 [M]. 郭象, 注. 成玄英, 疏. 北京:中华书局, 2011:82.
⑥ 西方哲学英汉对照辞典 [M]. 布宁, 余纪元, 编著. 北京:人民出版社, 2001:520.

第四章 "能所观":"理性的直觉"的认知模式探索

的"瞬间性"约束了人类对直觉的把握与运用。

以"实修"方式来延长直觉的时间性,在东西方之间曾有过一次非常重要的交流。20世纪初,德国人卫礼贤在中国生活并翻译了道家"实修"方面的著作《太乙金花宗旨》。卫礼贤回国将《太乙金花宗旨》带到了德国,引起了荣格的巨大兴趣,并深深影响了荣格的后期思想,荣格从西方的视角详细解读了这部关于"实修"的著作。后来《太乙金花宗旨》转译为英文、日文,而中国的《太乙金花宗旨》原作则因战争等原因失传,后再由日文转译为中文。荣格在向西方介绍《太乙金花宗旨》时说:"总的来说老子传播的是一种自由的意志,他的继承者庄子鄙视瑜伽练习以及自然治疗师和长生不老药追随者的欺骗手法。尽管他自己也是修行者,并通过修炼产生了'合'的直觉,还在此基础上建立了自已高度发展的体系"[1],荣格对《太乙金花宗旨》中的"实修"方式有这样几点解读:① 整体属于直觉范畴,即荣格称为"'合'的直觉";② 这种直觉需要通过"实修"才能产生;③ 这种"实修"不同于瑜伽等养生法。荣格还说"毋庸置疑,中国的这些概念得自直觉的洞察,我们如果想要了解人类精神的本质,就不能没有如此的见地。中国不能没有这些概念,因为中国的哲学史告诉我们,中国从没有偏离心性本原的精神体验,因而从来不会过分强调和发展某种单一心理机能而迷失自己"[2],荣格强调了通过"实修"进入直觉对于中国传统文化的重要性,指出中国哲学中的很多概念出自这种直觉。

中国古代哲人的"实修"方法相对于西方而言比较独特,西方偏重于视点转换。尼采的"远观"[3]与海德格尔的"向死存在"[4],都是为了更清晰地对待生命,都属于通过观念或视点的改变从而感受到的虚无境界,而中国古代的"实修"方式则是完全去掉这些视点或观念,所以中国传统文

---

[1] 卫礼贤,荣格. 金花的秘密[M]. 邓小松,译. 合肥:黄山书社,2011:6.
[2] 卫礼贤,荣格. 金花的秘密[M]. 邓小松,译. 合肥:黄山书社,2011:25.
[3] 尼采. 快乐的知识[M]. 黄明嘉,译. 北京:中央编译出版社,1999:22.
[4] 海德格尔. 存在与时间[M]. 陈嘉映,译. 北京:生活·读书·新知三联书店,2014:271.

化中的"用心若镜"等直觉状态不同于尼采的"醉境",也不完全同于海德格尔的"澄明之境"。而且,东亚对这种"实修"方式所开展的交流显得更加深入,尤其是日本学者对儒家的"实修"方式,即"工夫论",有着深厚的研究。中纯夫将"工夫论"理解为"于学者和圣人之间画一条线,强调为学工夫之必要性的学问"①,也就是说,中纯夫认为是否用"工夫"实修是一个分水岭,没有用"工夫"的实修者只是从概念的角度做学问,有"实修"才是与古代圣人一样的存在。汤浅泰雄也有类似的观念阐释,他说"东方思想的哲学的独特性究竟在哪里呢?一个重要的特质在于东方的理论的哲学基础当中被置入了'修行'的想法",汤浅泰雄还说"真正的哲学的认识,并不是透过单纯的理论思考就可以获得的东西"。②正如日本学者所研究的那样,中国宋明时代的"工夫论"是当时哲人的必修功课,包括治学特别严谨的朱熹也强调直觉训练,他说"始学工夫,须是静坐。静坐则本原定,虽不免逐物,及收归来,也有个安顿处"③,当然"工夫论"不仅仅是静坐法,而是一系列反躬修己的方法;明清之际的大思想家黄宗羲甚至提出了"工夫所至,即其本体"④的哲学思想。

"止念"是中国传统文化中"实修"方法的主要环节之一。"止念"就是要通过特殊的反复心理训练方式,让人脑中每天奔腾不息的念头"刹住",进入直觉状态,甚至可以自由把控在这种直觉状态的时间。其实,如何训练"刹住"念头是非常理性的实修过程,而且这种训练方式对人的主体性要求很高,所以必须首先进行"能"与"所"的区分,然后需要主体具有坚强的意志与不屈不挠的精神,才能使已经习惯于主客体分离存在状态的成年人重返主客体合一的存在状态。

在中国传统文化中,"理性的直觉"在源于"丧其耦"的"能所各息"

---

① 中纯夫. 工夫論における凡と聖——朱子の陸学批判をめぐって[J]. 東方学, 1900, 73: 83.
② 汤浅泰雄. 身体论:东方的心身与现代[M]. 黄文宏,译注. 中国台湾新竹市:清华大学出版社, 2018: 59.
③ 朱子语类[M]. 黎靖德, 王星贤, 点校. 北京:中华书局, 1986: 217.
④ 黄宗羲. 黄宗羲全集[M]. 杭州:浙江古籍出版社, 2005: 3.

状态中，寻求拓展直觉的时间性。"实修"则可以使直觉性体知、体物成为真实的感知，改变直觉的"瞬间性"，从而让人在一定时间内进入无主体状态，达到一种"开悟"的境界。虽然这些"实修"过程还有待于更深入地挖掘与研究，但是这种"实修"对推动直觉把握世界所作的贡献是毋庸置疑的。亨利·柏格森（Henri Bergson）说："只有直觉才能把我们引向生命的深处。我这里所说的直觉就是指本能，它无功利性，有自我意识，能够反省它的对象，并且能够无限地扩展它。"① "理性的直觉"就是要通过有意识的"实修"，延长直觉的"瞬间性"，柏格森所描述的直觉才能够对世界的感知产生更高的价值。

三、"通与道"："符号自我"的构建

如果说"能所观"是"理性的直觉"的前提，而"实修"过程的结果则是"丧其耦"，那么这一切又都是为了构建既没有向上也没有向下还原，而处于"守中"状态的"符号自我"。中国古代先哲追求直觉，并通过"实修"行为在一定程度上改变直觉的时间性，其目的是为了"体道""体物"。当自我处于直觉状态时，人并不是处于混沌无知的状态，而是有感知的状态，这种感知是一种与万物"相通"的状态，也可以说是一种特殊的对话，是自我与天地万物"相通"的对话，而这种"相通"很显然也应该属于自我的一部分，是构建"符号自我"的重要要素之一。

在中国传统文化中，"通"与"道"之间有着深厚的渊源。"通"不等同于"道"，但"通"是达到"道"的路径，所以"通"与"道"成了孪生兄弟。古代先哲认为"通"是世界万物存在的根本状态，所以《周易》提出"感而遂通"，并从多种角度论述"通"的思想，其中有"天地交而

---

① 尚新建. 重新发现直觉主义：柏格森哲学新探 [M]. 北京：北京大学出版社，2000：107.

万物通也"(《泰·象》)① 和"中正以通"(《节·象》)② 等。中国古代哲学求"道"的方式并非相同,但求"通"方向是一致的,都是以人与天地无隔阂地"相通"为努力方向。庄子在《大宗师》文中指出"同于大通",并把"同于大通"与"实修"工夫"坐忘"并列提出,"坐忘"的方向就是为了"同于大通"。唐代成玄英认为庄子的"同于大通"就是"同于大道",他说"大通,犹大道也。道能通生万物,故谓道为大通也"③。

然而,"相通"不同于"相识"。相识需要"名"作为符号媒介,而用"名"来说明时,就会有因为"名"出现的误差,所以荀子提出因"名"产生的"三惑",即"惑于用名以乱名""惑于用实以乱名"和"惑于用名以乱实"。"相识"永远只能是相对片面的,因为无论多么深厚的相识,主客体彼此还是会隔开。"相通"与相识可以相辅相成,"相通"有助于相识,"相识"也能激发更高层面的"相通"。西方区分主体与客体,主要是为了能够更好地"相识",语言符号的"遮蔽"也是源于"相识";而东方区分"能"与"所",主要是为了能够更好地"相通"。东方西方最终必将殊途而同归,相辅而相成。不过,要达成"相通"与"相识"之间的互助,需要首先清晰"相通"与"相识"的不同过程。明代哲人王阳明在年轻时进行"格竹"时,就犯了混淆"相通"与"相识"的错误,他本想进行"相通"活动,却用了"相识"的方法,后来王阳明经历"龙场悟道",才充分厘清了万物相通的道理与过程。

"相通"不仅是自我与天地万物的关系,"符号自我"的活动同样需要"相通"。庄子的"六经陈迹"提出了"迹"和"所以迹"的符号学命题,他说:"夫六经,先王之陈迹也,岂其所以迹哉?"④(《庄子·天运》)"迹"就是符号,"所以迹"是符号发出者发出符号的意图。符号接收者通

---

① 周易注校释 [M]. 王弼, 注. 楼宇烈, 校释. 北京: 中华书局, 2012: 48.
② 周易注校释 [M]. 王弼, 注. 楼宇烈, 校释. 北京: 中华书局, 2012: 216.
③ 庄子注疏 [M]. 郭象, 注. 成玄英, 疏. 北京: 中华书局, 2011: 156.
④ 庄子注疏 [M]. 郭象, 注. 成玄英, 疏. 北京: 中华书局, 2011: 288.

第四章 "能所观":"理性的直觉"的认知模式探索

过"迹"所理解的符号寓意不一定是符号发出者的寓意。庄子为了说清楚这个道理还打了个比方,他说:"夫迹,履之所出,而迹岂履哉!"①。所以在符号世界中,既要重视"迹",又要关注"所以迹"。也就是说不仅要研究"能指"与"所指"的对应关系,同时要探寻符号发出者与符号接收者的状态。如果仅以语言符号为研究对象,那么一定有很多的局限性,《易·系辞上》说:"书不尽言,言不尽意"②,所以古代先哲的符号活动以"相通"为首要方向。

西方的哲人也对"相通"越来越关注,海德格尔认为:"'在此世界中存在',这里讲的'世界,总是我与他人共享的世界。缘在的世界是一个共同世界。'在其中存在'(being-in)就是与他人的共同存在(being-with)。"③ 海德格尔的"共同存在(being-with)"就是一种相"通"。海德格尔说:"'领会'这个词在我们这里意味着一个基本的生存方式;它既不是认知的一个特定种类,与(比如)解释和知觉相区别,又不是任何从主题上把握某物的认知"④,海德格尔的"领会"也是一种"相通"。

"相通"与"相识"的互补关系触发人们思考如何调配"直觉"与"理智",东西方都发现了直觉与理智既相关又相悖。那么,直觉与理智该以哪个为人类优先存在模式呢?这是一个非常重要的关于自我该如何存在的命题。精神文化符号学不仅关注符号阐释者或接受者的思维能力、认识的维度,更加关注他们的精神状态;不仅关注如何将自我准确符号化,也关注活泼泼的当下自我,更注重如何让人类的行为法则符合宇宙天地的运行法则。精神文化符号学构建"符号自我"不仅是为了赋予符号以生命,能够更清晰解读各种符号的意义,而更重要的是为了探索人类更好的生存状态和认知模式。"符号自我"就是要在"相通"的基础上,寻求"相通"与"相识"合二为一,并以此来推动人类未来的生命存在状态,即以直觉

---

① 庄子注疏 [M]. 郭象, 注. 成玄英, 疏. 北京:中华书局,2011:288.
② 周易注校释 [M]. 王弼, 注. 楼宇烈, 校释. 北京:中华书局,2012:242.
③ 海德格尔. 存在与时间 [M]. 陈嘉映, 译. 北京:生活·读书·新知三联书店,2014:155.
④ 海德格尔. 存在与时间 [M]. 陈嘉映, 译. 北京:生活·读书·新知三联书店,2014:385.

为优先存在模式的基础上追求直觉与理智合一。

在中国传统文化中，万物"相通"被视为是生命的底色，直觉是人生存的优先模式，梁漱溟对此曾有过非常精辟的总结。他认为，人类有两种生活态度，一种"生活是理智运用直觉的"，另一种"生活是直觉运用理智的"①，东方哲人推崇的是前者。不过，在梁漱溟看来，东方人并没有真正做到这一点，因此中国文化是一种早熟的文化，未来的人类应该"生活是理智运用直觉的"，即以直觉作为优先存在模式。老子的"为学日益，为道日损"就是这种生活的写照，在老子心目中人类应该以"为道日损"式的直觉作为优先存在模式。

西方学界就此存在着两种迥然不同的声音。法国哲学家笛卡尔的"我思故我在"就赋予了"我思"以本体论的意义，也就是说"我思"的状态优先于直觉状态，人类应该以"我思"的状态作为优先存在模式。海德格尔则恰恰相反，其观点与中国古代先哲们的论述非常类似。海德格尔认为，人类"在世界之中存在"（in-der-welt-sein）应该是"此在和世界"的"澄明之境"优先于"主—客"式。海德格尔所说的"澄明之境"属于直觉状态，也就是说海德格尔把直觉状态视为是人类应该优先选择的存在模式。

目前符号学的"符号自我"偏重于以理智为优先存在模式，这无疑是基于语言工具论的思想。其实，随着语言论的转向，人不再是语言符号的主宰者，甚至语言可以控制人的思维。同理，在符号世界中，人并非符号的中心，就如同在宇宙中，人类及其所属的地球也不是宇宙的中心。精神文化符号学努力促使"符号自我"走出理性思维的羁绊，探索一种以直觉为优先存在模式。这种以直觉为优先存在模式是理智发展到一定高度后的产物，正如梁漱溟所说："其实这凭直觉的生活是极高明的一种生活，要理智大发达之后才能行的。"②

---

① 梁漱溟. 梁漱溟全集 [M]. 济南：山东人民出版社，2005：485.
② 梁漱溟. 梁漱溟全集 [M]. 济南：山东人民出版社，2005：485.

第四章 "能所观":"理性的直觉"的认知模式探索

当"符号自我"以直觉为优先存在模式成为现实时,人类是否整天处于直觉状态?这个答案是否定的。自古以来,中国传统文化中直觉与理智合一而外显的是理智,比如老子的"体道"与"辩证"思维融为一体,而外显的是"辩证"。因此,尽管老子推崇"无",但《道德经》首章中除了"无"之外,同样注重"有"("常有欲,以观其徼")①。其实,不仅是老子的《道德经》首章有这样的特点,其他中国传统思想也显现了这种倾向。比如,孟子推崇直觉模式的"尽心",而《孟子》首章突出的是极理性的"义"。荀子注重直觉模式的"体物",而《荀子》首章宣扬的是非常理性的"劝学"等。显然,在中国传统文化中,"直觉"不仅不排斥理性,反而更理性乃至超理性,也就是"理性的直觉",正如梁漱溟所说"以理智运直觉的其实是直觉用理智以理智再来用直觉,比那单是直觉运用理智的多一周折而更进一层"②。

当下世界"符号自我"的优先存在模式问题,不仅仅是符号学的学科问题,同时也是一个重要的社会问题,符号学家赵毅衡对此有着深深的忧患意识,他说:"现代人面临持久的自我危机:文化的各种表意活动,对身份的要求过多,过于复杂,身份集合不再能建构自我,它们非但不能帮助构建稳定的自我,相反,把自我抛入焦虑之中。"③赵毅衡一语中的,过于理智的生命是焦虑的生命,"符号自我"优先存在模式的定位问题,已是人类社会发展到现阶段的一个迫在眉睫的问题。沧海桑田,也许海德格尔推崇的人类进入以"澄明之境"为优先存在模式的时代近在眼前。

西方的各种符号学理论主要是建立在与符号世界相"识"而不是相"通"的平台上。中国古代先哲们以"能所观"为基础,通过"实修"延长直觉的时间性,以建立与万物"相通"的自我为目标,从而形成另外一种特殊形式的对话,即人与天地万物之间的直觉式对话。这就是"理性的

---

① 老子道德经注[M]. 王弼, 注. 楼宇烈, 校释. 北京:中华书局,2011:2.
② 梁漱溟. 梁漱溟全集[M]. 济南:山东人民出版社,2005:486.
③ 赵毅衡. 符号学原理与推演[M]. 南京:南京大学出版社,2011:354.

直觉"的认知模式,表现形式为"符号自我"。这一模式在"主我—你—客我"对话模式基础上"消解自我对话",并在"当下—未来—过去"时间模式基础上形成"延长时间"的"守中"状态自我,使"符号—解释项—客体"模式能够进入直觉阐释的符号化状态。

在精神文化符号学看来,"理性的直觉"认知模式是符号学把握世界的理想方式之一,更是面对信息爆炸的当今人类社会,每一个"自我"应该具有的从容而又宁静的心态。

第三讲 伦理与自我管理

伦理，作为个体内在的管理机制，即自我管理，构成了指引个体行为与决策的核心规范。在自我管理的征程中，个体常需面对各种挑战，其中，"应否"的考量尤为关键，此类问题往往归属于伦理范畴。随着科技的飞速发展，人类能力得到了显著提升，这导致我们在自我管理中遇到的挑战不再仅局限于"能否"实现，而是更多地触及"应否"行动的层面。因此，在自我管理的实践中，我们不仅要关注个人的能力与技巧，更要注重伦理意识的培育与强化，学会在"应否"问题上作出明智的抉择。通过这种方式，我们能够更有效地平衡个人目标与社会责任，实现自我管理的最高境界。

第五章"'各正性命'：伦理符号学中'关爱生命'概念的反思"以《易传》中的"各正性命"和中国先秦时期的相关哲理为基石，对伦理符号学中"关爱生命"的概念进行了深入的思考。本章提出，在人类的伦理符号活动中，存在着"他者"与"己者"的关系问题。如果以"他者"为中心往往不符合生命的自然本源状态，而以"己者"为中心又容易走向利己主义的范畴。而"各正性命"升华至"他性"与"己性"层面构建更合乎自然的"他者"与"己者"伦理关系，形成了特殊且有价值的伦理模式。人类应使自己的生命达到符合自然之道的高级状态，在此基础上，形成一种人人都可以安置自己生命的"各正性命"状态，进而实现对生命的真正伦理关爱，这种独特的伦理有助于处理"他者"与"己者"的关系问题。

基于先秦哲学的精神文化符号学与自我管理

第五章的核心理念词是"各正性命",这一概念源自《易经》的"乾文言",即"乾元者,始物者也。各正性命,保合太和,乃利贞"①,在此,"乾元"象征着宇宙万物生成变化的根本,而"各正性命"则揭示了宇宙间万物各具独特的本性和命运。这一理念深植于中国哲学的沃土,展现了对宇宙生命和自然秩序的深刻洞察。它强调了天地间不同生命体的不可替代性,倡导每种生命都应顺应其自然赋予的天命,自由地生活和发展。只有当各个生命体都依照其本性自然生存时,万物方能达到和谐的状态。然而,尽管万物都处于"各正性命"的状态中,人类的主体意识过于强大,往往容易偏离自然状态。因此,人类需要向内求,以修正自身,回归自然的和谐与平衡。"各正性命"的出发点是"己者"的生命,"己者"不仅是生命的观察与解释者,更是生命的承担者。"性命"是中国文化传统中的一个独特哲学概念,郭店楚简中记载了古人有"性自命出,命自天降"②的思想,指出"性"的根源来源于"天"。因此,"各正性命"所寻求的是恢复自然赋予人的生命该有的天命状态,所以"正"的标准是自然天道,即"与天地合其德"③,这种伦理观的基础就是一种特殊的自我管理。

第六章"'道不可言':文学伦理学批评的重释",将"道"的概念延伸至伦理领域,通过探讨"道"与"通""道"与"理""道"与"修"的关联,对文学伦理进行了深刻的反思。文学作品中的人物往往是现实生活中人们进行自我管理时潜移默化的效仿对象,因此,对文学伦理理论进行反思与升华显得尤为重要。伦理文明的发展犹如一条河流,历经"无→有→无→有"的螺旋形发展,从最初混沌未分的"无"状态缓缓流淌,渐渐步入明确的"有"的范畴。然而,在每一次河流的回环往复之中,都蕴藏着一种力量,引领人们重新探索并回归到"无"的伦理规范之中。经历了"有"的阶段之后的"无",其内涵已然发生了质的转变,与起初的混沌"无"有了本质的不同。这里的"无"并非指伦理的缺失,而是一种超越

---

① 周易注校释[M]. 王弼,注. 楼宇烈,校释. 北京:中华书局,2012:2.
② 刘钊. 郭店楚简校释[M]. 福州:福建人民出版社,2003:92.
③ 周易注校释[M]. 王弼,注. 楼宇烈,校释. 北京:中华书局,2012:5.

了人为规则和伦理束缚的境界。探索这种"无"伦理境界的目的,并非旨在否定"有"伦理的状态,而在对人类伦理活动的进一步拓展和提升。人类不仅拥有理解世界的智慧,更具备融入世界的天性。通过探索"道"的深层含义,我们得以在伦理的河流中找到自己的位置,并在理解与实践中不断深化对世界和自我的认识,这不仅有利于文学伦理理论的构建,更有助于现实生活中的自我管理。

  第六章的核心理念词是"道不可言",这一概念源自《庄子》中的名言:"道不可言,言而非也"[①]。在这里,"道"作为宇宙万物的本源和根本原理,其深远与广阔超越了语言符号的界限。"道"无边无际,每当我们试图用语言捕捉它时,便不可避免地扭曲了其真实原貌。然而,这并未妨碍"道"在中国文明中流传数千年,反而使其成为中华传统文化的核心智慧。"道不可言"体现了中国哲学中对"无言"或"默识"的重视,即通过静心冥想、内省和直观体验来接近真理,而不是仅仅依赖于逻辑和语言的分析。之所以将"道不可言"运用于伦理活动中,是因为伦理偏重于"理",需要融入"道",才能形成属于未来的伦理。人工智能、生物科技的迅猛发展,将极大地改变人类伦理状态,东西方现有的伦理观面向未来时都遇到了挑战,因而我们需要把"道"融进未来的伦理观,以便于指导人类的自我管理。

---

① 庄子注疏[M]. 郭象,注. 成玄英,疏. 北京:中华书局,2011:403.

第五章
"各正性命":伦理符号学中"关爱生命"概念的反思

导　言:西比奥克认为符号学的源头是古希腊的"症状学",意大利学者苏珊·佩特丽和奥古斯都·庞奇奥基于这种思想提出"伦理符号学",希冀通过对"症状学"这种古老行当的回顾,寻求以"关爱生命"为主旨的人类伦理符号活动。那么,在伦理符号学"关爱生命"的概念中"他者"与"己者"应该是什么关系呢?本章以《易传》中的"各正性命"及中国先秦时代相关的哲理为依据,对伦理符号学中"关爱生命"的概念进行反思,提出人类应该首先从"己者"的生命出发,使"己者"生命达到合乎自然之道的高级状态,才能获得"己性"并推己及人通晓"他性",以至于形成人人都可以安放自己生命的"各正性命"状态,从而真正实现对生命的关爱。

面向"他者"生命的关爱是人类文明的一大进步,也是各种伦理原理与思想的基础。那么,面向"他者"的生命关爱同时,"己者"的位置应该放在哪里呢?"他者"与"己者"应该以哪个为中心呢?如果以"他者"为中心往往不符合生命的自然本源状态,而以"己者"为中心又容易走向利己主义的范畴。因此,在人类的伦理符号活动中存在着"他者"与"己者"的关系问题。

20世纪美国著名符号学家西比奥克(Thomas Albert Sebeok 1920—2001)曾指出,符号制作有六大类范畴,这些范畴是:"症候(symptom)、信号(signal)、象似(icon)、指示(index)、象征(symbol)和名

第五章 "各正性命":伦理符号学中"关爱生命"概念的反思

称(name)。"① "症候"是一种以身体的形态结构显现出的自然符号,古希腊的"症状学"(semeiotics 或 symptomatology)是依据身体"症候"形成的相关学科研究。西比奥克认为,符号学(semiology)的源头就是古希腊的"症状学"。苏珊·佩特丽莉(Susan Petrilli)和奥古斯都·庞奇奥(Augusto Ponzio)正是基于西比奥克的这种思想,提出"伦理符号学"(semioethics),而"关爱生命"(care for life)是伦理符号学的核心概念。本文立足精神文化符号学,基于《易传》中的"各正性命"及中国先秦时代相关哲理,对伦理符号学中"关爱生命"的概念进行反思,以期对人类的伦理符号活动的合理性研究做出自己的贡献。

伦理符号学"关爱生命"的理念源于"症状学"。"症状学"与"各正性命"分别属于古希腊哲学与中国先秦哲学,这本是两个不同的哲学系统,但雅斯贝尔斯(Karl Theodor Jaspers)却通过时间的维度将这两个哲学系统联系起来,并将那个时代统称为人类的"轴心时代",他说:"人类靠当时所产生、所创造、所思考的一切生活到了今天。在人类每一新的飞跃之中,他们都会回忆起轴心时代,并在那里重燃火焰。自此之后,情况一直如此:对轴心时代可能性的回忆和重新复苏——复兴——引发了精神的飞跃"②,这种对古老思想的回顾与升华,也是精神文化符号学所追求的学术目标。

一、"各正性命":恢复"己性"与"他性"

早在先秦时代,中国哲学就存在着非常丰富的聚焦"己者"向内求的哲理。由"己者"出发的本质,是对人类存在的自然状态的探寻。那么,这种立足于"己者"的哲理,对解决伦理范畴中"他者"与"己者"的矛盾问题有何帮助呢?对伦理符号学中"关爱生命"的概念有什么启示呢?

---

① 西比奥克,伍米克-西比奥克. 福尔摩斯的符号学——皮尔士和福尔摩斯的对比研究[M]. 钱易,吕昶,译. 中国社会科学出版社,1991:17.
② 雅斯贝尔斯. 论历史的起源与目标[M]. 李雪涛,译. 上海:华东师范出版社,2018:14.

中国传统文化认为,在自然的状态中,万物是和谐融为一体的生命共同体。《易传》曰:"乾道变化,各正性命。保合太和,乃利贞"①,其中"各正性命"是指"万物各有各的性命,各有各的存在价值,各有各的位置,即各得其正"②,虽然万物都处于"各正性命"的状态中,但因为人类的主体意识过于强大,导致偏离自然状态,所以人类需要向内求加以修正。"各正性命"的出发点是"己者"的生命,"己者"不是生命的观察与解释者而是承担者。"各正性命"中的"性命"是中国文化传统中的一个独特哲学概念,郭店楚简中记载了古人有"性自命出,命自天降"的思想③,指出"性"的根源来源于"天"。"各正性命"所寻求的是恢复自然赋予人的生命该有的天命状态,所以"正"的标准是自然天道,即"与天地合其德"④。

曹魏时代学者王弼在注解"各正性命"时,提出了"正性命之情"的思想⑤。王弼之所以提出"正性命之情"是因为古人认为"性"与"情"密不可分,郭店楚简中有"情生于性"的说法⑥,通过"正性命之情"就可以恢复人符合自然天道中本源的存在状态。晋代思想家韩康伯注解"各正性命"时秉承了王弼"正性命之情"的哲理。到了唐朝以孔颖达为首的一批学者将王弼所注融合,并加以疏解形成《周易正义》一书,书中对"正性命之情"进行了更深入阐释。孔颖达等疏道:"所禀生者谓之性,随时念虑谓之情,无识无情,今据有识而言,故称曰'情'也"⑦,孔颖达等学者认为"情"的根基是"性",而"情"外显的状态与"念虑""识"相关,当人的"念虑""识"产生偏离自然时,"情"就会背离自然的"性"。"正性命之情"是通过对"情"的修正,恢复本具的合乎自然之道的"性",或者说恢复"己性"。这种"性情"观也是中国文化传统中的一个

---

① 周易注校释 [M]. 王弼,注. 楼宇烈,校释. 北京:中华书局,2012:2.
② 金景芳,吕绍纲. 周易全解 [M]. 上海:上海古籍出版社,2005:15.
③ 刘钊. 郭店楚简校释 [M]. 福州:福建人民出版社,2003:92.
④ 周易注校释 [M]. 王弼,注. 楼宇烈,校释. 北京:中华书局,2012:5.
⑤ 周易注校释 [M]. 王弼,注. 楼宇烈,校释. 北京:中华书局,2012:2.
⑥ 刘钊. 郭店楚简校释 [M]. 福建人民出版社,2003:92.
⑦ 周易正义 [M]. 王弼,韩康伯,注. 孔颖达,正义. 北京:中国致公出版社,2009:16.

第五章 "各正性命"：伦理符号学中"关爱生命"概念的反思

独特的哲学概念。至此，"性命"与"性情"两个特殊的命题在《周易正义》诠释"各正性命"的注疏中交汇。尽管中国传统文化中对"性命"与"性情"的诠释不完全一样，但都希望以自然天道、天地之德来作为恢复"己性"的衡量准绳。"各"字体现了寻求人人都能够恢复"己性"，并能在人人恢复"己性"的基础上完成"己性"与"他性"的合一。

那么，先秦时代的"各正性命"哲理，对解决伦理范畴中"他者"与"己者"关系问题究竟有何帮助呢？"他者"与"己者"矛盾的根源在于哪个当为中心的问题，如果以"己者"为中心，那么即使是"利他"行为终究也是为了"利己"，这种基于"利己"的"利他"属于一种合理的"利己"思想。合理的"利己"思想在科学背景下尤其盛行，甚至可以借助科学的基因理论加以诠释，认为只有"利己"的基因最终才能存活，以此证明合理的"利己"思想符合科学自然规律，但以"利己"为目标终究不是真正的道德伦理。相反，如果以"他者"为中心，那么由此构成的伦理将成为理想型伦理，而不是活泼泼的生命伦理，因为在活泼泼的生命中，"己者"并不是因为"他者"而生存。所以"他者"与"己者"是伦理中一种难解的矛盾。

"各正性命"是以"己者"为中心向内求进行"修己"，然而这种以"己者"为中心却不会走向利己主义，因为"各正性命"寻求的是"与天地合其德"。在这种状态中的"己者"往往是一种天人合一的"无己"状态，这种"无己"不是舍弃"己者"面向"他者"所形成的"无己"，恰恰相反，是立足于"己者"向内寻求而获得的"无己"状态。从"己者"出发不仅不会引起反伦理道德的自私自利，还会形成万物一体的生命感受。"各正性命"寻求的是恢复"己性"，尽管人类存在"他者"与"己者"的差异，却不存在"他性"与"己性"的差异，关爱"他性"与"己性"可以高度融为一体。"各正性命"在"他性"与"己性"层面上，消解了"他者"与"己者"在伦理范畴中的矛盾。面向"他者"无法上升到对"他性"的关爱，因为面向"他者"属于由内往外看，这种由内往外看的方式无法获得真正的"他性"，只有向内获得"己性"才能推己及人通晓

"他性"。

人类不同文明的相互融合已经成为这个时代的趋势,那么"各正性命"如何与伦理符号学"关爱生命"的理念相融合呢?伦理符号学"关爱生命"的理念源起于"症状学","症状学"与古希腊希波克拉底(Hippocrates)的思想相关,希波克拉底关注"人是什么?什么原因促成了人?以及随之而来的类似问题"[1],这类问题是希波克拉底医学的基本问题,也是"症状学"的基本问题,所以"症状学"有着一定的医学特质。

西比奥克也强调了"症状学"与医学类似的特征,为此他将文学人物侦探福尔摩斯与符号学家皮尔斯(Charles Sanders Peirce)进行比对研究。西比奥克在与其夫人珍妮·伍米克(Jean Umiker)合著的《福尔摩斯的符号学——皮尔士和福尔摩斯的对比研究》("You Know my Method": A Juxtaposition of Charles S. Peirce and Sherlock Holmes)一书中解释了这样对比的原因:"柯南道尔基本上以苏格兰医生约瑟夫·贝尔为原型创造了歇洛克·福尔摩斯,而皮尔士当然精通医学。就我有关符号学史的了解而言,他们两者都要追溯到医学"[2],无论是文学人物福尔摩斯还是现实人物皮尔士都有医学背景,所以二人都注重研究"症候",于是出现了西比奥克笔下"侦探查尔斯·皮尔士和符号学家歇洛克·福尔摩斯"的比较研究。[3]这种在医学背景下的彼此"症候"观的互换比对研究,进一步凸显了"症状学"者的医学特质。

尽管"症状学"与医学有着千丝万缕的联系,而且"症状学"者也有类似于医生的职业模式,但"症状学"并不同于医学,甚至不赞同人类过于依赖与运用医学解决人的问题。医学关注的是身体与健康相关的"症候",而"症状学"关注的是身体与伦理道德相关的"症候"。所以,苏珊·佩特丽莉与奥古斯都·庞奇奥说:"重要的是明辨'关爱'(to care

---

[1] 希波克拉底. 希波克拉底文集 [M]. 赵洪钧,译. 中国中医出版社,2007:12.
[2] 西比奥克,伍米克-西比奥克. 福尔摩斯的符号学——皮尔士和福尔摩斯的对比研究 [M]. 钱易,吕昶,译. 北京:中国社会科学出版社,1991:17.
[3] 西比奥克,伍米克-西比奥克. 福尔摩斯的符号学——皮尔士和福尔摩斯的对比研究 [M]. 钱易,吕昶,译. 北京:中国社会科学出版社,1991:142.

第五章 "各正性命":伦理符号学中"关爱生命"概念的反思

for)之不同于'治疗'(to cure)或'对付'(to treat)"。①伦理符号学试图运用维多利亚(即维尔比夫人 Lady Welby)的术语"看穿"(knowing through)来取代"诊断"这个术语②。因为"诊断"是医生的模式,而"看穿"才是"症状学"者的使命。不过,即使"看穿"不同于"诊断",但就整体的符号活动模式而言,"症状学"与医学同源。

之所以强调"症状学"的医学特质,是因为如果要对伦理符号学中"关爱生命"的概念进行反思,首先需要置身于"症状学"者类似于医生的语境之下,古老"症状学"者需要从伦理角度判断个体的身体"症候",并拿出有效的改变身体"症候"的具体方法。"症状学"者需要清晰地辨别"症候",当然需要处于主体与客体分离状态,包括"己者"与"他者"的清晰分离。在"己者"与"他者"分离的同时,也就出现了"己者"与"他者"的矛盾关系问题。这有别于同时代的"各正性命"的模式,"各正性命"是立足于"己者"寻求"己性",从生命的个别性与偶然性中体悟生命的总体性与必然性,孜孜以求于人的天人合一状态,在万物一体的状态即"己性"与"他性"融为一体的层面上,自然消解了"己者"与"他者"的矛盾关系问题。

虽然"症状学"与"各正性命"努力的方向不一样,但从"关爱生命"的角度可以高度融合甚至殊途同归。未来伦理符号学家该怎样工作?佩特丽莉与庞奇奥进行了这样设想,他们认为"因为有符号活动即生命在心中而去关注病征的符号学家,并不是医生,也不是一般从业者或专家,他并不开处方或药品"③,如果不运用药品的方式解决问题,那最好的模式就是教会"他者"如何面向"己者"进行修己,也就是"正性命之情"。所以,如果将"各正性命"融入伦理符号学"关爱生命"的理念中去,那么未来符号学家应该率先"正性命之情",从"己者"的生命出发,安放好"己者"的生命,使"己者"生命达到合乎自然之道的高级状态,获得

---

① 佩特丽莉,庞奇奥. 伦理符号学[J]. 符号与传媒,2012(2):56.
② 同上。
③ 佩特丽莉,庞奇奥. 伦理符号学[J]. 符号与传媒,2012(2):50-56.

"己性"乃至于推己及人通晓"他性",带动"他者"也能够"正性命之情",形成一种人人"各正性命"的自然生存状态。

二、"关爱生命":面向"症候"的性情

人类有没有某些相通的伦理共"情"呢?如果有相通的伦理共"情",那么通过这些人类的伦理共"情"就能更清晰把握"正性命之情"与"症状学",使人类的伦理符号活动更趋于合理,真正实现对每一个生命的关爱。对东西方伦理共"情"的探幽,将进一步有益于构建"他者"与"己者"的伦理关系。

人类应该生活得"幸福"与"快乐"便是东西方的伦理共"情"。亚里士多德将"幸福作为最高善"①,并在《尼各马可伦理学》中专门对人的快乐进行了分析。他认为,最充分意义上的人类的快乐是"完善着完美而享得福祉的人的实现活动"②。19世纪英国伦理学者边沁(Jeremy Bentham)提出快乐计算法,通过单位和数值的计算来衡量快乐的量,以便寻求大多数人的更多快乐。受边沁的思想影响,穆勒(James Mill)提出不仅应该关注快乐的数量,还应当从质量上来评估快乐,并崇尚寻求高尚的快乐。中国传统文化无论是道家还是儒家,都对快乐与自然天道的关系进行过探寻,对不同幸福与快乐进行比较研究,是把握"正性命之情"模式的有效路径之一。幸福与快乐可以成为伦理符号学里全人类的共"情"纽带。

道家庄子推崇"天乐",他对"天乐"的定义是"与天和者谓之天乐"③,唐代学者把庄子的"天乐"解释为"天道之乐",他们认为"仰合自然,方欣天道之乐也"④,这种将"乐"与"天"相关联,体现了对生命

---

① 亚里士多德.尼各马可伦理学[M].廖申白,译注.北京:商务印书馆,2017:7.
② 亚里士多德.尼各马可伦理学[M].廖申白,译注.北京:商务印书馆,2017:330.
③ 庄子注疏[M].郭象,注.成玄英,疏.北京:中华书局,2011:250.
④ 同上.

第五章 "各正性命"：伦理符号学中"关爱生命"概念的反思

本体的追寻与关爱。庄子还描述了获得"天乐"的实修方法，即"言以虚静推于天地，通于万物"而获得"天乐"①。除了"天乐"一词之外，庄子还提出"至乐"。庄子认为"至乐无乐"②，其中"无乐"的意思不是说没有快乐，而是指不需要人为的快乐"解释项"。庄子指出，人的生命中存在一种符合宇宙天地赋予人类的本源快乐，这种快乐不需要人为附加的任何理由。庄子"天乐"与"至乐"本质上属于相同的一种快乐，都是转向"己者"的向内求，获得"己性"，安放好自己生命之后的快乐。

儒家哲理中同样有着特殊的快乐。北宋学者周敦颐第一个将孔子与颜回的快乐状态作为伦理命题提出，他提倡应该寻找"孔颜之乐"③，即从孔子与颜回的快乐为出发点，寻找生命合理的人类存在模式。周敦颐将寻求这种快乐作为非常重要的教学内容，他的学生程颐与程颢回忆说："昔受学于周茂叔，每令寻颜子仲尼乐处所乐何事"④，二程继承与发展了周敦颐这种寻"孔颜之乐"的学说。二程说："颜子在陋巷，'人不堪其忧，回也不改其乐'。箪瓢陋巷非可乐，盖自有其乐耳。'其'字当玩味，自有深意"⑤，二程指出"其"字中有深意，是因为由此可以寻求"各正性命"所指向的"性"与"命"层面的快乐。梁漱溟曾对宋代哲人寻找"孔颜之乐"的行为进行了解析，他认为，宋哲是在追寻不需要有任何附加人为活动的依托就能产生的快乐，也就是"真正所谓乐者，是生机的活泼。即生机的畅达，生命的波澜也"⑥。

道家探索"天乐""至乐"与儒家追寻"孔颜之乐"虽然属于完全不同的两个学派，但有着共通之处。因为"天乐""至乐"与"孔颜之乐"的评价标准都不是人为的伦理道德，而是以自然之道、天地之德为标准，都是"正性命之情"，目标都是为了获得"己性"，从而安放好"己者"的

---

① 庄子注疏 [M]. 郭象, 注. 成玄英, 疏. 北京：中华书局, 2011：251.
② 庄子注疏 [M]. 郭象, 注. 成玄英, 疏. 北京：中华书局, 2011：333.
③ 中国哲学大辞典 [M]. 张岱年, 主编. 上海：上海辞书出版社, 2014：184.
④ 程颢, 程颐. 二程集 [M]. 北京：中华书局, 2002：16.
⑤ 程颢, 程颐. 二程集 [M]. 北京：中华书局, 2002：108.
⑥ 梁漱溟. 梁漱溟先生讲孔孟 [M]. 北京：中华书局, 2014：57。

生命。这类"正性命之情"模式的核心是一种"无己"的天人合一状态。其实，不仅可以通过"乐""正"这种"情"，"喜怒哀乐"都可以用于"正"己，因为"喜怒哀乐之未发，谓之中；发而皆中节，谓之和"①，人的"喜怒哀乐"的"情"没有表现出来时应该是"中"的状态，而表现出来时就应该是合乎自然法度"和"的状态，失去了"中""和"状态的"喜怒哀乐"都是反自然的"情"。后天的错误习气会使人逐步远离了自然状态的"情"，而接近于天人合一状态的"情"就能接近本具的"性"。郭店楚简中"道始于情"指出②，人类可以由"情"入"道"，通过"正性命之情"形成"各正性命"的和谐生存状态。

"症状学"将"情"作为类似于伦理病征一样进行分析，伦理符号学认为，"每个想法、愿望、情感、价值、兴趣、需要、渴求，无论善恶，都被伦理符号学当做病征加以考察"③。这种把"情"以及其他感触当作病症一样去考察的模式，显然迥异于"正性命之情"所寻求的天人合一状态，但这种"症候"分析同样具有极高的伦理价值。伦理符号学者对这种分析伦理"病症"的模式有着雄心勃勃的计划，甚至希望未来有这种分析伦理"症候"的职业。苏珊·佩特丽莉和奥古斯都·庞奇奥在创立伦理符号学时说："把符号学同古代医学符号学或症状学相关联，意味着为了生命健康而复兴古代'符号学'（症状学）这一职业。"④当然，这种职业不同于心理医生，因为心理医生是为了治疗心理疾病，而伦理符号学家面向的是伦理"症候"，是为了解决人的伦理病态。

对人类伦理共"情"模式的探幽，具有非常现实的实用价值。聂珍钊教授多年之前就曾预言过"科学人"的到来，"按照文学伦理学批评的观点，人类文明进程中的人可以分为原始人，现代人和科学人三种。"⑤虽然

---

① 论语·大学·中庸［M］. 陈晓芬，徐儒宗，译注. 北京：中华书局，2015：289.
② 刘钊. 郭店楚简校释［M］. 福州：福建人民出版社，2003：92.
③ 佩特丽莉，庞奇奥. 伦理符号学［J］. 符号与传媒，2012（2）：50-56.
④ 同上.
⑤ 聂珍钊，王松林，主编. 文学伦理学批评理论研究［M］. 北京：北京大学出版社，2020：28.

第五章 "各正性命"：伦理符号学中"关爱生命"概念的反思

"科学人"存在于未来，属于科学选择时代的人类，但目前已经出现机器取代人类伦理决策行为的迹象，这种现象值得伦理符号学者高度重视。人类已经开始向类似于 ChatGPT 这样的 AI 机器人询问各种问题，人类个体的储存与处理能力不如机器已是不争的事实。人类最后一块阵地是与"情"相关的伦理问题，一旦 AI 机器人回答与"情"相关的伦理问题也超过人类，那么，人类的伦理决策就有可能被 AI 取代。是否该阻止"科学人"的到来？或者，"科学人"如果不可避免地到来之后，人类应该怎样面对？未来的伦理符号学家需要担负起对与"情"相关伦理问题进行诠释的使命，这需要有贯通古今融汇东西的智慧与魄力。

伦理符号学呼吁，希望能够出现对个体进行伦理诠释的"元符号学家"。伦理符号学认为，如果人是符号动物，是元符号活动动物，那么，"符号学家就是元符号动物。因此，元符号学家就具有双重的责任。符号学家比任何人都更须为自己和他人作出解释，而且，作为全球性符号学家，他还更须为整个星球上的生命作出解释"[1]。进行"各正性命"与"症状学"模式的融合，将有助于真正出现"元符号学家"，"具有双重责任"的"元符号学家"不仅能够通过"情"体悟"己性"，也能够洞悉"他者"的"情"的"症候"，帮助每个人合理存在于天地之间。对东西方不同伦理共"情"的探幽，显然有助于构建更合理的"他者"与"己者"关系。

三、"全球视野"：回归"正身"的方式

人类除了有相通的伦理共"情"，从"全球视野"来看，更重要的是无论哪个民族或人种，都具有相同的身体结构。那么，身体在人类的伦理符号活动中可以产生什么样的作用呢？合理的"身体观"是否能够有益于"他者"与"己者"的关系问题的解决呢？先秦"各正性命"与古希腊"症状学"所引发的"身体观"，对未来人类生存状态的伦理价值是什

---

[1] 佩特丽莉，庞奇奥. 伦理符号学 [J]. 符号与传媒，2012 (2)：50-56.

么呢？

回归身体已成为这个时代的潮流，包括聂珍钊教授蜚声海内外的"脑文本"理论，其本质也是一种对身体的回归。伦理符号学也不例外，伦理符号学中"全球视野"的概念就特别强调了身体作为符号的重要性。"全球视野"是伦理符号学中与"关爱生命"密切关联的概念。这一概念表明，万物的身体有着超越语言不可取代的符号功能。"在全球性交流被理解为与生命是彼此交叠这一语境中，对话思想不会被化约为对话参与人之间交谈中的你来我往，而是表明了整个宇宙之中身体与身体之间的彼此关涉、在身体和符号之中的互利互惠这种永恒的状况。"①

伦理符号学的源头"症候学"的基础是身体，无论是"他者"还是"己者"的"症候"都是建立在身体这个基础上，身体是"症状学"的主要符号依据。西比奥克认为，人类身体的"症候"同时包括能指与所指。他说："症候是一种自然符号，它的能指和所指结合在了身体的形态结构中，症候可以通过这个事实而被识别。"②根据西比奥克的这种思想，变化身体的形态结构不一定需要借助语言符号的模式，可以通过身体本身直接变化身体"症候"的能指与所指。美国认知学家西恩·贝洛克（Sian Beilock）在《具身认知：身体如何影响思维和行为》书中，提出"用身体来改变头脑"的思想③。通常人们认为只有知识文本才能改变大脑，而贝洛克则认为身体本身就可以改变大脑。他指出，仅仅是展开皱眉这个极小的身体动作，都有可能带来大脑对"己者"存在的不同体验感，身体甚至上升到了哲学的高度。

李葆嘉等在翻译《肉身哲学：亲身心智及其向西方思想的挑战》（*Philosophy in the Flesh*：*The Embodied Mind and Its Challenge to Western Thought*）一书时，对西方关于肉身（flesh）的认知发展过程进

---

① 佩特丽莉，庞奇奥. 伦理符号学 [J]. 符号与传媒，2012（2）：50-56.
② 西比奥克，德尼西. 意义的形式：建模系统理论与符号学分析 [M]. 余红兵，译. 成都：四川大学出版社，2016：17.
③ 贝洛克. 具身认知：身体如何影响思维和行为 [M]. 李盼，译. 北京：机械工业出版社，2016：176.

第五章 "各正性命":伦理符号学中"关爱生命"概念的反思

行了描述。他说:"可以说,传统哲学研究的是有关 mind 的理智哲学(philo sophy in the mind),即哲学是心灵的产物,或者笛卡尔意义上的'我思'(cognito)的产物。而梅洛-庞蒂(Merleau-Ponty)则提出有关身体的哲学(philosophy in the body),即哲学是身体经验的产物,是人类肌动意向性、肌动活动过程、动觉意象图式的产物。从'凭借身体的心智'(mind in the body)转到'凭借心智的身体'(body in the mind)。"[①]虽然关于身体的哲学还在探寻过程中,但可以看出,这样的探讨已越来越鲜明指向身体回归的重要性。

中国先秦时代"各正性命"的哲理更离不开身体,北宋思想家邵雍早已在诠释"各"字时,鲜明指出了身体的重要性。他说:"一物从来有一身,一身还有一乾坤"[②],"各"个生命的"身"都是一个完整的天地与乾坤,所以,"各正性命"以及先秦时代相关哲理也是一种身体哲理。人类成年之后过于偏重的主体意识不仅可能扭曲人的"情",也可能扭曲人的"身",所以成年人的身体在自然天道标准中往往也是"不正"的。对应该正"性命"之"情",也可以说成年人需要正"性命"之"身"。"正身"是从身体角度对"各正性命"哲理的诠释[③],目标是让身体回归一种自然合道的状态。中国传统文化中存在着非常丰富的此类"正身"活动,这从长沙马王堆出土的先秦时代导引图,到明清时代以圆形为肢体活动轨迹的内家拳术图等不胜枚举。此外,中国哲学中的"阴阳""动静""无极与太极"等不仅是一种哲学概念,同时也是能够产生身体变化的"正身"方式。不过,这些品种繁多的"正身"方式,现代已被归于体育武术、医学养身等不同学科。这些分科模式束缚了这些"正身"活动的伦理应用价值,更何况现代人对这些"正身"方式的归类并不正确。古人发明这些"正身"方式的根本目标是为了"与天地合其德",而不是局限于运动或养

---

① 莱考夫,约翰逊. 肉身哲学:亲身心智及其向西方思想的挑战[M]. 李葆嘉,等译. 北京:世界图书出版公司,2018:6.
② 邵雍. 梅花易数[M]. 王道亨,编纂. 李非,白话释意. 北京:中医古籍出版社,2010:10.
③ 李谨伯. 呼吸之间[M]. 北京:华夏出版社,2013:5.

生领域。魏晋时代思想家刘劭曾用文学语言描述了"身"与伦理的关联性，他说"骨植而柔者，谓之弘毅；弘毅也者，仁之质也"，"筋劲而精者，谓之勇敢；勇敢也者，义之决也"①，也就是说处于合于自然之道状态的身体"骨"与"筋"有助于产生"仁"与"义"，即正"性命"之"身"与正"性命"之"情"可以高度融合。

"各正性命"以及先秦时代相关哲理的"身体观"还与伦理符号学"全球视野"的理想非常契合。所谓"全球视野"不仅寻求人类不同"文化域"彼此之间的关爱生命，而且寻求人与万物之间的关爱生命。人类符号活动可以从全球符号学角度理解为"和所有构成宏大符号网络的其他圈层的符号活动相互关联的符号活动的一个特殊圈层"②，而这个符号网络丰富繁杂，能与整个地球的生命体交织交叠。人类的身体是超语言符号的沟通符号，可以在一定程度上消解语言"符号域"的遮蔽问题，实现这种万物一体的关爱生命。"全球视野"所描绘的生命状态，也是万物"各正性命"的状态。

如同正"性命"之"情"，正"性命"之"身"同样也有助于获得"己性"，有助于完成"各正性命"的状态，有助于进一步丰富伦理符号学"关爱生命"的概念。从这个角度来说，正"性命"之"身"同样有助于解决伦理中"他者"与"己者"的关系问题。伦理符号学者可以成为"正身"的践行者，并能够教会"他者"如何"正身"，以至于让"己者"与"他者"的身体都符合自然之道，从而实现对生命的关爱。

四、结语

显然，将"各正性命"融入发端于"症状学"的伦理符号学"关爱生命"的概念中，可以升华至"他性"与"己性"层面，构建更合乎自然的"他者"与"己者"伦理关系。"各正性命"所引发的正"性命"之"情"

---

① 刘劭. 人物志 [M]. 刘国建，注译. 长春：长春出版社，2001：7.
② 佩特丽莉，庞奇奥. 伦理符号学 [J]. 符号与传媒，2012（2）：50-56.

第五章 "各正性命"：伦理符号学中"关爱生命"概念的反思

与正"性命"之"身"，有益于从应用的角度推动伦理符号学实现真正"全球视野"的"关爱生命"。雅斯贝尔斯认为，当人类在面向未来遇到问题时，可以到回到人类古老的"轴心时代"去寻求智慧①。精神文化符号学扎根于中国传统文化，认同雅斯贝尔斯倡导的对古代文明进行"重新复苏——复兴——引发了精神的飞跃"的传承与创新过程，并借此对伦理符号学"关爱生命"的概念进行反思。

---

① 雅斯贝尔斯. 论历史的起源与目标 [M]. 李雪涛，译. 上海：华东师范出版社，2018：14.

第六章
"道不可言"：文学伦理学批评的重释

导　言：伦理价值构成了文学作品的核心，其教诲的功能不应被忽视。文学伦理学批评应当建立起一套独到而坚定的批评原则。然而，在坚守文学教诲使命的同时，我们究竟应如何看待文学伦理与社会伦理之间的差异问题？文学伦理是否仅存在于文学创作的思想内容之中，还是同样渗透于其艺术表现的形式之中？文学伦理学批评是否能够走出"理"的羁绊，从确定文学文本的意义走向释放意义？在中国博大精深的传统文化中，先哲们已将"理"的范畴提升至"道"的高层境界，若将这种"道"的智慧融入到文学伦理学批评的实践中，不仅能够传承和弘扬当代伦理，还能关照未来的伦理发展，同时引领伦理从概念思维，走向活泼泼的自修体悟，从而开辟一条以"道"为核心的崭新文学伦理学批评之路。

文学伦理学批评自聂珍钊教授提出以来，作为一种从伦理的立场解读、分析和阐释文学作品、研究作家以及与文学有关问题的研究方法，得到了学界广泛的认同。然而，文学伦理学批评在坚持文学的教诲作用时，又应该如何阐释文学经典名著中人物形象自身复杂的伦理问题，如文学经典中常见的对新生活的追求与当时社会伦理相悖的现象等。究竟应该怎样看待文学伦理与社会伦理之迥异？文学伦理难道仅仅存在于文学创作的思想内容，还是也蕴含在其艺术表现的形式之中呢？文学伦理学批评是否可以走出"理"的羁绊，从确定文学文本的意义走向释放意义呢？

其实，人类的伦理历史表明，伦理是随着时代发展而不断演变的，文学伦理就更具有时代性，甚至往往会超越时代和社会。无论是《梁山伯与

第六章 "道不可言":文学伦理学批评的重释

祝英台》还是其他的离经叛道的文学作品,表现的都是在当时的现实社会所难以允许的生活现象。文学伦理学批评应该既弘扬当代伦理,又能兼顾未来的伦理,还能够契合虚构的人物和特定时代的伦理背景,探索一条新的以"道"为核心的批评路径。

中国传统文化中的"道"代表着一种超越语言和理论的境界,这一哲学思想在中国文化中占据着独一无二的地位。它主张万物皆源于"道",万物之理均从"道"中衍生。这种思想深植于中国文化之中,孕育出一种既千变万化又始终如一的哲学体系,它追求的是一种能够融会贯通、自在自由的生存状态。本章将从"道"与"修""道"与"通""道"与"理"三个维度进行深入探讨,期望能为文学伦理的研究开辟新的路径。通过这些探讨,旨在弘扬当下的"理",同时避免让当下的"理"遮蔽了未来的"理",并有助于解读文学作品中诗性的表达,揭示那些隐藏在诗性背后,被语言所掩盖的人类文明与智慧,将其融入文学伦理批评的理论建构之中。

一、"有无之境":体悟的"道"与"修"

以伦理的视角深入剖析文学作品和研究作家,宛若握有一把锋利的解剖刀。这把刀能迅速且精确地描绘出文学人物的行为模式。然而,在实践文学伦理学批评的过程中,面临这样一个难题:文学伦理学批评需要考虑文学作品中虚构人物的塑造并且遵循特定时代的伦理背景,而这常常与当代伦理观念存在差异。那么,在尊重作家对文学文本创作的同时,如何对待文学伦理与社会伦理之迥异的问题呢?

中国古典名著《水浒传》就存在文学伦理与社会伦理的差异问题。哲学家牟宗三在研究这部杰作时,既依托伦理学又不拘泥于某一特定伦理视角,巧妙地将人物的存在状态与伦理观念融为一体。他认为,《水浒传》中的武松、李逵、鲁智深等人,实际上是"无曲之境界"的化身。牟宗三说:"此中之人物以武松李逵鲁智深为无曲者之典型,而以宋江吴用为有曲者之典型。就《水浒传》言之，自以无曲者为标准。无曲之人物是步步全体呈现者，皆是当下即是者。"① 在这部文学巨著中，"无曲之境界"被认为是至高无上的理想状态。牟宗三反复强调了这种人物的存在状态："他们没有瞻前顾后，没有手段目的，而一切皆是当下即目的"②，也就是说，"无曲之境界"人物的文学价值体现在日常生活中能够做到"当下即是"，他们的行为毫无矫饰，每一刻都是真实自我的一致展现。赫勒从历史视域和生活哲学两个层面上肯定了"历史之当下"为个体个性生成创造了条件。一方面，人物个性的形成伴随着对"当下"功能认知的完善；另一方面，"我超越我的当下"③ 是人物个性形成的具体表现，而个性范畴的统一性表明了个性内在的自我超越属性，以及个体的自觉意识④。

牟宗三先生所阐释的"无曲之境界"人物，展现了一种超越传统伦理分析的境界，既不属于伦理学中的目的论、义务论，也不宜以美德论来简单概括。故此，这样的境界可被视作一种"无"伦理境界。伦理文明的发展犹如一条河流，历经"无→有→无→有"的螺旋形往复，从最初的混沌未分的"无"状态缓缓流淌，渐渐步入明确的"有"的范畴。然而，在每一次河流的回环往复之中，都蕴藏着一种力量，引领人们重新探索并回归到"无"的伦理规范之中。经历了"有"的阶段之后的"无"，其内涵已然发生了质的转变，与起初的混沌"无"有了本质的不同。牟宗三先生以其卓越的洞察力，捕捉到了那深邃的"无"伦理境界。这种境界与自然和谐共存，这里的"无"并非指伦理的缺失，而是一种超越了人为规则和伦理束缚的境界。

探索这种"无"伦理境界的目的，并非否定"有"伦理的状态，而是在对人类伦理活动做进一步拓展和提升。这不仅拓宽了批评的深度和广

---

① 牟宗三. 生命的学问 [M]. 桂林：广西师范大学出版社，2005：188.
② 牟宗三. 生命的学问 [M]. 桂林：广西师范大学出版社，2005：190.
③ 赫勒. 历史理论 [M]. 李西祥，译. 黑龙江：黑龙江大学出版社，2015：41.
④ 梁雪玉. 赫勒"当下"观的生活哲学意蕴探赜 [J]. 南京航空航天大学学报（社会科学版），2022（3）：26.

度，也让我们对伦理的感知和理解上升到了一个新的高度，为文学批评和伦理思考开辟了更加广阔的空间。我们既要尊重伦理规范的"有"，也要追求超越伦理的"无"。人类不仅拥有理解世界的智慧，更具备融入世界的天性。

这种"无曲之境界"的人物与中国传统文化中的"道"概念紧密相连。《庄子》阐述道："道不可言，言而非也"[1]，这里的"道"是指那深邃而难以用语言表达的真理，它们常常被语言的表象所掩盖。庄子深知语言在描绘"道"时的局限性，因此提出了一种自我修习、体悟的模式。庄子运用了一系列独特的词汇来阐释"修"的理念，例如"吾丧我""坐忘""心斋"等。这些自修体悟模式的内在核心，就是放下自我。人类始终处于某种形式的自我对话之中，这是一种内在的语言交流，虽然与外在的语言表达不同，但本质上都是人类分析、推理类型的符号活动。超越内在自我对话的"忘己之人"[2]，意味着与宇宙的自然韵律相协调，达到一种人与自然和谐共鸣的境界。将"道"的理念融入文学伦理学批评中，无疑提高了主体对当下的认知共鸣深度，警示我们既要尊重主客体的价值区分，又要珍视天人合一的和谐状态。

如果我们过分追求主客体的分化，却忽略了天人合一的至高境界，人可能会滑向概念化和抽象化的极端；反之，如果我们只追求天人合一，而忽视了主客体的区分，人可能会变得空洞且模糊。在这种"有无"境界的动态交织中，要求我们不断追寻伦理的真理，同时努力回归人的自然存在模式。正是这两种存在状态的互动与转变，推动了人类文明的持续发展，也使得文学伦理学批评理论更加多元、丰富，洋溢着深邃的思考和智慧的火花。

在西方文学的广袤星空中，天人合一的"无"的理念虽不常被高频强调，但伦理的"有"与"无"之间的冲突同样暗流涌动。以列夫·托尔斯泰创作《复活》为例，那时的他正值个人进入深度挣扎的精神危机。他对

---

[1] 庄子注疏［M］.郭象，注. 成玄英，疏. 北京：中华书局，2011：403.
[2] 庄子注疏［M］.郭象，注. 成玄英，疏. 北京：中华书局，2011：232.

自己的人生、信仰和文学创作进行了深刻的自我审视，开始更加关注伦理问题，因为他发现现世的伦理观念并不能解决他生活中的困境。这些挣扎均在小说中聂赫留朵夫的内心挣扎和救赎之路上得到了深刻的体现。《复活》中聂赫留朵夫的道德"复活"正是托尔斯泰对伦理问题深度思考的投影，"复活"本身也是一种从"有"到"无"，再从"无"到"有"的过程。

托尔斯泰并没有在小说《复活》即将结束时给出一个明确的希望或绝望的结论，而是留下了一个开放式结局，聂赫留朵夫决定放弃自己的贵族生活，前往西伯利亚。然而，托尔斯泰笔下的另一位人物安娜的结局却没有那么幸运。安娜是《安娜·卡列尼娜》的核心人物，她的伦理问题主要体现在她的婚姻、爱情和家庭的伦理选择上。她的选择导致了个人生活的崩溃，这种困惑最终以她的生命为代价。甚至包括托尔斯泰本人也没有那么幸运，他在晚年因家庭矛盾激化，终于在夜晚悄然离家出走。他离开了自己的妻子和家庭，开始了最后的流亡生活。在离家出走后，托尔斯泰的身体状况每况愈下，最终因肺炎并发症在车站的临时病房与世长辞。我们不应简单地将聂赫留朵夫、安娜，乃至托尔斯泰本人的伦理挣扎过程进行概念化的伦理评价，而应理解为伦理从"有"到"无"，再从"无'到"有"的鲜活个体生命中显现的过程，对个体乃至整个人类对伦理的艰难探索应怀着深深的敬意。

"有"伦理构成了人类与其他生物的清晰分界，但这种"有"伦理又如同一个束缚，激发着不断有力量试图将其重构，从"无"到"有"，再从"有"到"无"。这不仅仅是一个简单的往复，更是一个持续进化、上升的旅程，引导人类朝着更加完善的未来伦理迈进。在人类伦理史的悠长河流中，每个文学作品作者的生命不过是短暂而灿烂的流星。然而，对他们自身而言，个人的生命历程、思想探索和文学创作，都是一场深刻而终极的追寻。对每个人来说，一生既是人类历史的缩影，亦是宇宙历史的微缩。那些"无→有""有→无"的伦理冲突时刻，往往能激发出人们最深沉的能量。面对伦理的课题，作家们常常展现出超越现实伦理观的思维与行为模式。

对每位读者、文学伦理学批评者来说，亦是如此。每个人的生命只有一次，因此伦理对个人而言，不仅仅是学术研究的课题，更是需要用生命去体验的边缘哲学命题。基于作者、读者以及虚构的人物个体生命的有限性，"无"伦理束缚的渴望则显得尤为自然。也正是因为这种状态，新的"有"伦理才能得以诞生，人类的伦理文明就是在不断的自修体悟中前进升华。因此，当文学伦理与社会伦理出现差异时，文学伦理批评不应当简单地以概念化的伦理评价来对待，而应当聚焦于每个生动个体在"有无之镜"中的挣扎与努力，尊重每个人在鲜活生命过程中的探索，让自己走出现实社会伦理的限制，彰显生命的活力。

二、"反向认知"：互动的"道"与"通"

显然，"有无之境"的融入必然会要求思维范式的转换，也就是以自然主体论为基础的"反向认知"转向。在以往的思维范式中，人作为意识主体是认知行为的发出者。因此，在常规的信息传递链条中，信息沿"认知主体→自然客体→符号文本→符号接受者"的线性轨迹流转。这一过程就难免受到人这个认知主体思维的局限。而"反向认知"则试图颠倒这一顺序，构建起"自然客体→认知主体→符号文本→符号接受者→自然客体"的感知循环新范式。人类今天所拥有的认知活动无不首先源自大自然的启示，没有极地的冰山融化、臭氧洞的形成，人类可能还不会产生生态环保的急迫感。这一思维范式不仅可以打通文学伦理学批评的"有""无"之径，而且还能够为社会科学研究的方法提供有价值的参考。

以自然为主体的"反向认知"模式，与传统的认知模式形成了鲜明的对比，它是一种全新的思维途径。精神文化符号学认为，"从主体出发的认知行为，不可能不受到理性思维的局限，难免会导致认知的'遮蔽'"①，为了冲破这一限制，精神文化符号学倡导适当地放下借助语言寻求意义的习惯，甚至尝试摒弃自我，以一种更加开放的心态迎接意义的降临。大自然被视为万物的信息之源，人类则是自然作用下的接受者。这种接受并非消极被动，而是一种积极互动的过程。通过"反向认知"，我们能够揭示那些被语言所掩盖的深层意义。

"反向认知"的实践，并不是对正向认知的否定，而是一种补充。因此，精神文化符号学认为："实际上，只有在反向与正向的认知互动中，人类才可能避免理性思维的'遮蔽'现象，回归到自然或曰事物本身。"②正向认知如同人类成长旅途中的明灯，照亮我们前行的道路。然而，若人类过分依赖这束光芒，便可能逐渐失去人类本具的"反向认知"能力。因此，我们需要有意地培养和恢复这种"反向认知"，以期打破正向认知的束缚，拓宽我们的认知视野。将"反向认知"融入文学伦理学批评中，能够突破以人为中心的模式，超越语言文本的局限。这样的融合将引领我们进入一个更为广阔的认知领域，在探索文学与伦理的交汇点时，能够更加合理地理解和评价文学作品，以及它们在塑造我们世界观中的作用。人类不仅局限于认识自然，更允许自我被自然理解与感知，实现人与自然深度"相通"和谐共存。

鲍里斯·帕斯捷尔纳克如果没有亲身体验大自然的魅力，恐怕也难以写出《日瓦戈医生》。在小说中，自然景观的描绘宛若绚烂斑斓的画卷，作为符号文本被精致地展现在读者眼前。西伯利亚无垠的草原、乌拉尔山脉壮丽的景色以及宁静和谐的乡村田园，不仅是承载着符号信息的使者，而且能够与符号接受者（读者）的内心情感相呼应，读者也正是在这种心境中返回自然。这其实就是一种"自然客体→认知主体→符号文本→符号接受者→自然客体"的接受互动过程。在这里，返回自然客体不可能回归

---

① 张杰，余红兵. 反向认知：自然主体论的思维范式阐释［J］. 外语与外语教学，2023（3）：47.

② 张杰，余红兵. 反向认知：自然主体论的思维范式阐释［J］. 外语与外语教学，2023（3）：46.

第六章 "道不可言":文学伦理学批评的重释

到最初的自然,而是经过接受者想象的自然。无疑,自然以其永恒之美,以独有的方式,静静地修正并重塑着我们的灵魂。在这样的叙述语境中,帕斯捷尔纳克、主人公尤里·日瓦戈,以及我们这些读者,都在面对自然时产生了超越个体存在的深刻思考。译者张秉衡曾说:"译介一部作品,如能直接置身于作者当时的创作与生活环境,亲自体验到作者的某些感悟,会是比在原著的文字当中探幽索微,能更深一层领会作品的精髓。"① 当张秉衡真正走进作者生活中的真实自然环境后,他自述他对整部作品,尤其是结尾部分的诗歌有了全新的体悟。

《日瓦戈医生》这部小说的结尾很独特,它以书中主人公的《尤里·日瓦戈的诗作》命名,单独成章,收录了二十五首诗,这种创作结构在文学名著中颇为罕见。这种结构形式的独特性,在于诗性语言拥有穿透语言遮蔽的力量,能够表征那些难以言喻的真理。以其中诗歌《初秋艳阳天》为例,诗歌中有这样的描绘:"世界原本单纯而又清楚,决非聪明人设想的糊涂,就好比水淹了苍翠林木,一切的一切都有着归宿。"② 主人公尤里·日瓦戈生活在一个伦理思想发生巨大变化的时代,人与人、人与环境之间的关系敏感且危险,人为的伦理在自然面前总是显得傲慢且渺小,但自然永远是自然,它以其恒久性,冲刷一切不自然的痕迹。正如奥勒留在《沉思录》中写到,面对死亡的逼迫,我们要关注如何进取,"我们所应遵循的,无非是使这短暂片刻同大自然相和谐。"③

自然无需言语,却以其无言的力量深深地影响着我们,正如孔子曾发出的那番感慨:"天何言哉?"④ 尽管"天"不发一语,但是"四时行焉,百物生焉"⑤,四季的更迭,万物的生长,虽然寂静无声,却传达着一种超伦理的秩序。"符号发出者←自然→符号接受者"是一种返璞归真,又极富哲理的认知方式,旨在让每个人都能在自然万物中找到生命意义的踪

---

① 帕斯捷尔纳克. 日瓦戈医生 [M]. 张秉衡,译. 北京:人民文学出版社,2016:1.
② 帕斯捷尔纳克. 日瓦戈医生 [M]. 张秉衡,译. 北京:人民文学出版社,2016:521.
③ 奥勒留. 沉思录 [M]. 朱汝庆,译. 北京:中国社会科学出版社,1998:35.
④ 黄侃. 论语义疏 [M]. 高尚榘,校点. 北京:中华书局,2013:463.
⑤ 同上.

迹，体验其无尽的智慧。我们应重视体悟自然"文本"，其中的意义不仅隐藏于语言符号之中，亦弥漫于自然万物，流淌于宇宙天地的每一个角落。

其实，自然不仅无需言语，也无需构思"文本"，如同"云无心以出岫"[①]。在语言文本中，"云岫"可能是人类想象和笔触精心描绘的意象，而在自然的"文本"中，"云岫"却是自然不经意间创造的奇迹。这种自然的"无心"，为文学伦理批评提供了独特的视角，使之更加丰富和多元。在多元构成的人类文明中，去感悟到那种超越人为的智慧，从而与自然和谐共生，找寻生命的真谛。文学伦理批评不仅需要接纳自然作为伦理的要素，还应当与世界建立起一种深刻的"相通"。

《庄子》中提出了"道通为一"[②]的理念，强调"道"的真谛在于人类与宇宙万物的紧密相连，在于那份深邃的"通"。所谓的"通"，是有着特定的指向的，因为《庄子》认为"天地与我并生，而万物与我为一"[③]。这一观点，充分展现了庄子对人与人、人与自然宇宙之间无法割裂的紧密联系的崇高敬意。寻找意义的过程，不仅仅是追求从语言角度的理解，更是在探索那份深刻的与自然"相通"的意义。他认为，只有心灵达到一定境界的人，才能真正领会这种整体性的融合，即"唯达者知通为一"[④]。在这种"通"的状态中，个体能够获得真正的意义与领悟，因此，"通也者，得也。"[⑤] 通过人与人、人与宇宙天地的"相通"，人们能够超越语言的束缚，在一定程度上消解语言的遮蔽，从而获得更为深刻和直接的意义。在这个过程中，庄子并不主张仅依靠语言文本寻觅"道"，所以庄子才会强调"道不可言"，甚至"言而非也"。然而，"道"并非遥不可及，它就存在于宇宙自然的无意流露之中，以一种最真实、最质朴的状态，等待人们的慧眼识真。

---

① 陶渊明. 陶渊明全集 [M]. 陶澍，注. 龚斌，点校. 上海：上海古籍出版社，2015：138.
② 庄子注疏 [M]. 郭象，注. 成玄英，疏. 北京：中华书局，2011：38.
③ 庄子注疏 [M]. 郭象，注. 成玄英，疏. 北京：中华书局，2011：44.
④ 庄子注疏 [M]. 郭象，注. 成玄英，疏. 北京：中华书局，2011：39.
⑤ 同上.

第六章 "道不可言"：文学伦理学批评的重释

为了进一步拓展文学伦理学批评的路径，我们不妨将"自然客体→认知主体→符号文本→符号接受者→自然客体"的感知过程，以及《庄子》中"道通为一"的哲学理念融入批评的框架之中。这种对自然之"道"原始状态的感悟，为文学伦理学批评理论注入了新鲜的视角和深刻的思考。文学伦理不仅仅存在于文学创作的思想内容中，自然的公平、公正、公开性，赋予了文学伦理学批评以更加强大的当代教诲力量。

三、"释放意义"：融合的"道"与"理"

其实，对"有无之境"和"反向认知"展开探讨，并非是要确定文学文本的主题思想或艺术特色，而是为了不断发掘文本的可阐释空间，让文学文本的意义尽可能"敞开"，从而实现"释放意义"的批评目的。以皮尔斯的"符号-对象-解释项"[①] 模型为出发点，所谓"释放意义"，其核心在于探索那些变化多端、边界模糊乃至尚未被认知的"对象"，而传统的表征意义更倾向于明确和界定特定对象的本质"理"。那么，文学伦理学批评是否能够摆脱"理"的束缚，从确定文学文本的意义走向更深更广的"释放意义"呢？

文学伦理学批评的追求，不应局限于传承某种既定的伦理观念，而应在人类文明不断演进的旅途中，挖掘并传播那些随着时代变迁而演变的价值观念。它的目标不仅仅是确立某种"理"的解释，更是揭示多样化的内涵，甚至是体验那些未知的感觉。在这方面，文学作品展现出其无与伦比的迷人之处，因为诗意的语言能够巧妙地揭开那些被言语所掩盖的真理面纱。因此，"释放意义"成为了文学伦理学批评中不可或缺的核心思想。

"释放意义"是"道"在中国文化中源远流长的重要原因之一，在传统文化中，从"理"的视角审视，"道"呈现出斑斓多姿的面相。正如张

---

① 皮尔斯.皮尔斯：论符号，李斯卡：皮尔斯符号学导论[M].赵星植，译.成都：四川大学出版社，2014：31.

舜徽先生所指出："'道'之一字，在古书中随处见之，而其含义，又各随时代有浅深广狭之不同。盖有先秦诸子之所谓'道'，有孔门之所谓'道'，有两汉儒生之所谓'道'，有魏晋南北朝谈士之所谓'道'，有唐代韩、李之所谓'道'，有宋明理学家之所谓'道'，有清初颜、李之所谓'道'"①，若局限于"道"与"理"的关系，关于"道"的争论或许将永无止境。倘若我们站在"道"与"通"的视角来考察，那么"道"便是连接传统与现代、统一不同观点的桥梁。建立在"通"基础上的"理"，才能真正实现"释放意义"。相反，如果不进行"释放意义"，人们将纠结于某种"理"之中。

《庄子》关注融合的"道"与"理"，即在"道"与"通"的基础上强调"道"与"理"的紧密联系。所以，除了"道通为一"之外，他还提出："道，理也"②，并宣称"道无不理"③。在庄子看来，"道"与"理"相扣，更与"通"相连，只有在万物相连的基础上，所显现的"理"才能称之为合"道"的"理"。"道"深邃地蕴含了"通"与"理"相融合的智慧，单一的"理"可能过于强调表征明确的意义，然而，当"通"与"理"融合，便开启了释放多维度意义的旅程。在意义得到充分释放之后，"道"既是"理"也是"通"。

庄子区分了"大言"与"小言"，以便于"释放意义"。他如此描述："大智闲闲，小智间间。大言炎炎，小言詹詹"④，在这里，"大言""小言"分别对应于"大智""小智"。所谓的"大言"，是指那些能够触及生命本源，与天地万物共鸣的言论；而"小言"则更多地关注主观层面，常常带有言说者的特定意图。庄子并非旨在贬低"小言"，而是提醒我们，狭隘的言说可能会局限于某种"理"。庄子强调了释放意义的至关重要性，只有当意义得到全面展开，人类才不会被"小言"所构造的孤立的空间所限

---

① 张舜徽. 周秦道论发微 [M]. 中国台北：木铎出版社，1989：30.
② 庄子注疏 [M]. 郭象，注. 成玄英，疏. 北京：中华书局，2011：298.
③ 同上.
④ 庄子注疏 [M]. 郭象，注. 成玄英，疏. 北京：中华书局，2011：27.

第六章 "道不可言":文学伦理学批评的重释

制。庄子思考了"言"与"意"关系,他说:"言而足,则终日言而尽道;言而不足,则终日言而尽物"①,"言而足"在于意义得到了充分的释放,只有当我们放弃对自我主体的固执,才能让"意"在更自由的空间中得以释放。

在探讨"释放意义"的主题时,尤其值得一提的是德国哲学家海德格尔对于释放语言本体意义的探幽。他在对诗歌《冬夜》进行分析的过程中,说了一句颇具深意的话:"这首诗是格奥尔格·特拉克尔写的。但在这里,谁是作者并不重要,其他任何一首伟大的诗篇都是这样。甚至可以说,一首诗的伟大正在于:它能够掩盖诗人这个人和诗人的名字"②,海德格尔之所以提出这种独特的见解,是因为希望释放诗性语言自身所蕴含的深层意义,而弱化各种包括作者在内的人为因素的干扰。

海德格尔对整篇《冬夜》进行了分析,我们可以从第一节中管窥这种特殊的"释放意义",第一节是:"雪花在窗外轻轻拂扬/晚祷的钟声悠悠鸣响/屋子已准备完好/餐桌上为众人摆下了盛筵"③,海德格尔分析道:"诗描写一个冬夜。第一节写户外的情形:落雪和晚祷钟声的鸣响。由户外而及室内。雪花飘落在窗上。钟声的鸣响传入各家。"④ 不过,海德格尔的目标并不在于这种理性分析模式。他说:"我们还可以更清楚地分析诗的内容,更准确地勾勒诗的形式。但当我们这样做时,我们仍然处处为千百年来流行的语言观念束缚着。根据这种观念,语言就是人对内在心灵运动和指导这种心灵运动的世界观的表达。"⑤ 海德格尔寻求的是打破这种千百年来语言观念的束缚与禁锢,让语言本身的意义得到充分的释放,所以,他说:"语言既不是表达,也不是人的种活动。语言是说话。我们现在是在诗歌中寻找语言之说话。"⑥ 也就是说,海德格尔寻找的是"语言说

---

① 庄子注疏 [M]. 郭象,注. 成玄英,疏. 北京:中华书局,2011:480.
② 海德格尔. 在通向语言的途中 [M]. 孙周兴,译. 北京:商务印书馆,2004:8.
③ 海德格尔. 在通向语言的途中 [M]. 孙周兴,译. 北京:商务印书馆,2004:7.
④ 海德格尔. 在通向语言的途中 [M]. 孙周兴,译. 北京:商务印书馆,2004:9.
⑤ 同上.
⑥ 海德格尔. 在通向语言的途中 [M]. 孙周兴,译. 北京:商务印书馆,2004:10.

话"而不是人说语言。语言不仅是思想的传递者，它自身便是思想的具象，甚至可以说是我们生存的方式、存在的本质，海德格尔借助《冬夜》正是为了释放语言本身的意义。这便是海德格尔语言本体论中始终强调的核心理念——语言自身，也能够"说话"。

海德格尔对《冬夜》这部文学作品中"语言说话"的推崇，我们或许能在语言本体论的另一位巨匠汉斯-格奥尔格·伽达默尔的见解中找到回响。伽达默尔曾说："虽然我们说我们'进行'一场谈话，但实际上越是一场真正的谈话，它就越不是按谈话者的任何一方的意愿而进行。因此，真正的谈话决不可能是那种我们意想进行的谈话。一般说来，也许这样说更正确些，即我们陷入了一场谈话，甚至可以说，我们被卷入了一场谈话。"① 这一见解揭示了语言沟通中意义释放的必然性。无论我们是否主动追求，意义的释放总是不可避免，因为语言的流转并非完全受制于人的意志，它本身就是一种自然而然生成的韵律。在阅读文学作品的旅程中，读者不仅与作者、作品中的人物进行着"谈话"，同时，语言作为具有独立存在的实体，也在不断地释放着超越这种"谈话"的意义。

"语言说话"也就是海德格尔所谓的"道说"（sage）。海德格尔认为，尽管我们生活于语言之中，但对语言的底蕴我们却知之甚少。他提出应该将语言"聚集入大道（ereignis）之中"②，"道说"即是"大道"的展现方式，这是一种超越工具属性的语言活动。在《在通向语言的途中》书中，孙周兴先生解释了为什么将"ereignis"一词翻译为"大道"。他这样做并不是想要直接等同于中国传统文化中的"道"，而是在深刻理解海德格尔哲学思想的基础上，认为"大道"这一词汇能够最准确地传达原文的精髓③。至于海德格尔是否在晚年受到了中国传统文化中"道"的启发，从而倾向于使用"ereignis"（大道）这一词汇，我们无法得知。但可以确定的是，他倡导的"道说"，与中国传统文化中"道不可言"，都推动了"释

---

① 伽达默尔. 诠释学：真理与方法 [M]. 洪汉鼎，译. 北京：商务印书馆，2010：539.
② 海德格尔. 在通向语言的途中 [M]. 孙周兴，译. 北京：商务印书馆，2004：2.
③ 海德格尔. 在通向语言的途中 [M]. 孙周兴，译. 北京：商务印书馆，2004：281.

放意义"模式的形成。在文学伦理批评的实际操作中，我们有时需要放下对作者原意、人物思想，甚至读者反馈的固执追求，让语言自身的力量得以毫无束缚地展现。如此，我们便能真正聆听语言的细微低语，深入体会其内在所蕴含的无限生机与活力，从而赋予文学更鲜活的生命力。

释放语言本身的意义有着非常实用的价值，以"道"的英文翻译为例。迄今为止，"道"的英文翻译已超过一百五十种，但似乎始终未能准确传达"道"的内涵。人们甚至试图通过大小字母的变化来探寻"道"的意义，有的将其译为"the flow of the universe"；有的则选择"the Flow of the universe"；有的使用"nature"或"Nature"；有的则选择"existence"或"Existence"。以大写字母开头的翻译赋予了"道"某种宗教色彩，而小写字母开头的翻译则使其回归自然。甚至有人尝试探索"道"的词性，将其译为动名词形式的"Way-making"。尽管这些理性的努力令人赞叹，但对于英语使用者来说，仍然无法解决语言对"道"的遮蔽性问题，而过多的翻译方式可能会导致"道"的意义被进一步遮蔽。

瑞士心理学家卡尔·古斯塔夫·荣格以其独到的洞察力，发现西方哲学对于"道"的理解尚显表层，理性的翻译往往难以捕捉其丰富的内在含义。为揭示这一概念的深邃内涵，荣格借助德国汉学家卫礼贤的翻译，巧妙地释放"道"字本身的意义，以期向西方世界传达"道"的深层意义。荣格关注到"道"字的符号构成，他说："'道'这个字由'首'和'走'两个字组成。"[①] 荣格进一步阐释："'首'可引申为意识，'走'表示沿途旅行，因此'道'表达的观点如下：有意识的行走，或者自觉的道路。"[②] 荣格的这种解读，超越了传统的理性的翻译方式，他通过汉字的字形所释放的意义，去探寻背后的哲理，这不仅是一种释放意义的创新模式，更是一次深刻的文化交流与融合。

聂珍钊教授认为："文学伦理学批评具有学术的兼容性和开放性品格。这一品格是由其方法论的独特性所决定的，即它牢牢地把握了文学是人类

---

① 卫礼贤，荣格. 金花的秘密[M]. 邓小松，译. 合肥：黄山书社，2011：36.
② 同上。

伦理及道德情感的表达这一本质特征。文学伦理学批评并不排斥其他文学批评方法。相反，它可以融合、吸纳和借鉴其他文学批评方法来充实和完善自己"[1]，"释放意义"的理念与文学伦理学批评的包容性及开放性达到了高度的契合，它既能在传承当代"理"的过程中，避免让当下的理念掩盖未来的启示，又有助于解读文学作品中的诗意表达，揭露深藏于诗性之后的、关乎人类未来的伦理观念和智慧。这样的探索使得文学伦理学批评理论更为斑斓多姿，充满了丰富的层次和深邃的洞察。

文学伦理学批评的核心价值之一，在于其对现实伦理秩序的正面引导作用。然而，要发挥这种引导功能并非易事，因为文学批评必须立足于虚构的文学文本之上，又要关注作为一种发展中的理论所固有的动态性伦理。因此，在探索文学伦理学批评的道路时，我们可以汲取精神文化符号学中的相关理念，如"有无之镜""反向认知"和"释放意义"，将其精华融入文学伦理学批评的实际操作中。在我国深厚的传统文化底蕴中，先哲们将"理"的探索提升至"道"的领悟层面，形成了"道"与"修"、"道"与"通"、"道"与"理"三个维度的关系，以消除语言所构建的"理"可能遭遇的遮蔽。若将这种"道"的智慧引入文学伦理学批评领域，必将为人类文化的研究与进步带来更为璀璨的智慧火花。特别是在处理文学作品中的伦理冲突与悖论时，这种融合不仅增添了文学的内在魅力，更为人类伦理文明的未来进步拓展了一条更为宽广、更顺应自然法则的道路，让人类文明的步伐与自然界的韵律相得益彰，实现和谐共融。

---

[1] 聂珍钊，王松林，主编. 文学伦理学批评理论研究 [M]. 北京：北京大学出版社，2020：18.

第四讲 语言符号活动与自我管理

语言符号活动与自我管理之间存在着一种紧密相连且错综复杂的关联。语言，作为人类表达思想与情感的媒介，其在沟通中扮演着至关重要的角色，更是构建自我认知和提升自我管理能力的基石。语言不仅是展现个体独特性的平台，也是洞察他人思维深处的桥梁。通过语言，个体能够精确传达个人的需求、情感与目标，为自我管理中设定实现的个人目标提供了坚实的基础。同时，语言还协助个体更好地理解他人的需求和期望，进而促进人际关系的和谐与稳定。此外，语言活动中的符号与象征意义对自我管理同样具有深远影响。这些符号与象征有助于个体更深入地理解并传达抽象的概念与情感，个体也能够更全面地认识自我内在世界，并在此基础上实施有效的自我管理。

第七章"'感而遂通'：符号表征的反向认知"强调了符号活动中"反向认知"的重要性，旨在建立一种符号活动模式的双向过程。一方面，从主观到客观认知世界，并用语言符号加以表征；另一方面，从客观到主观感知自然信息，并反向释放符号意义，从而形成一种双向认知模式。需要说明的是，本讲强调的"反向认知"并不意味着"反向认知"比"正向认知"更重要，而是因为人类往往过于重视"正向认知"的作用，而逐步丧失了"反向认知"的能力，需要一定程度上去扭转这种单向模式。这一讲的文章因曾部分发表于外语教学方面的杂志，所以在阐述"反向认知"时重点描述了其在外语学习时的作用。实际上,"反向认知"在自我深层次的认知中具有更为重要的价值,所以,"反向认知"不仅丰富了人类的符号活动,同时有助于自我管理实践过程。

第七章的核心词是"感而遂通",源自《易经》的"系辞传上",原文是:"《易》无思也,无为也,寂然不动,感而遂通天下之故。"① 这一理念强调了人与宇宙之间的紧密联系,倡导人们保持内心的平和与开放,以感应天地间的细微变化,从而洞悉宇宙的真理与规律。在印度佛学传入我国的语言翻译过程中,"感而遂通"发挥了独特的语言桥梁作用。东晋学者韩康伯曾言"寂然不动,致本则同,感而遂通,达迹成异"②,通过"感而遂通"一词来寻求不同文化的融合。宋代诸多学者如周敦颐、程颢、张载、朱熹等,亦以"感而遂通"为据,阐明儒学的广泛包容性。程颢更是提出"'寂然不动,感而遂通'者,天理具备,元无欠少"③,同时,印度佛学的传播者为了更好地让中国人理解其哲理,也常以"感而遂通"来诠释佛学,甚至将"寂然不动,感而遂通"写入中国化佛学的语言文本中,成为本土化佛学的重要术语。总的来说,"感而遂通"是中国传统文化中儒道释共同推崇并运用的语言词汇,这足以说明这个词对人类生命境界的帮助。本讲将"感而遂通"融合进西方语言符号学理论中,希冀这个词能够在中印西语言文化交流中发挥一定作用,也因此提升人类的自我管理境界。

第八章"'易之三义':语言遮蔽性问题的探索"基于"简易、变易、不易"面向语言的遮蔽性问题,语言对意义的遮蔽问题在哲学、语言学、文学批评和文化研究等多个学科领域中均有体现。文章提出,在"简易"的启示下,我们应以直观的方式去"体悟"意义;在"变易"的指引下,我们应以自由的态度去"释放"意义,顺应万物的变化;在"不易"的启示下,我们应以超然的心境去寻找与世界"相通"的状态,让世界回归其

---

① 周易注校释 [M]. 王弼,注. 楼宇烈,校释. 北京:中华书局,2012:242.
② 弘明集 [M]. 刘立夫,魏建中,胡勇,译注. 北京:中华书局,2013:410.
③ 程颢,程颐. 二程集 [M]. 北京:中华书局,2002:43.

第四讲 语言符号活动与自我管理

最本质的自然状态。这些古老智慧为人类探索语言对意义的遮蔽问题提供了新的视角，引领我们超越语言的局限，探索更深层次的真理。

第八章的核心理念词是"易之三义"，这一概念源自《易纬乾凿度》的阐述，具体指代"简易、变易、不易"①。现代诠释将这三义内涵理解为"实践操作之便捷、事物变化之动态、基本原理之恒定"。换言之，这三义分别代表着"方法上的简洁之美、现象上的变化之妙，以及原理上的恒常之真"。更深一层，这三义犹如西方哲学中的"正、反、合"辩证法，在"正"与"反"的辩证冲突中，达到更高层次的统一，即"合"。这种"合"不仅融合了"正"与"反"的精华，还超越了它们，塑造出一个全新的、更全面和综合的立场或观念。在这种诠释中，"变易、不易"代表着的"正"与"反"，而"简易"代表着"合"。在《易纬乾凿度》中，与现代诠释不同，"易之三义"被视为"体知"，而非"识知"或"思知"。通过独特的"体知"方式，巧妙地化解了语言的遮蔽性。"体知"被用来描述对知识和真理的直接体验和内省，是指通过个人的实践和体验来理解和掌握宇宙法则，而不仅仅是通过理性思考或学习来获得知识。"体知"强调个体与宇宙之间的内在联系，通过不断地实践和反思，个体能够逐渐认识到宇宙的真理，从而实现自我完善。这是一种实践哲学，因此"体知"不仅是一种解决语言遮蔽问题的有效方式，更隐含着有效的自我管理模式。

第九章"'转识成智'：返回存在的符号活动"，文章以海德格尔的"存在"与"存在者"的哲学区分为切入点。所谓"存在者"，是指一切可以被符号所捕捉的内容，而海德格尔所提及的"存在"本身，却是无法被符号化的。一旦"存在"被符号化，它便转化成了"存在者"。因此，理性领域内的符号活动，只能揭示"存在者"的意义，而难以触及"存在"本身。文章倡导，符号的意义创造应当超越"存在者"的界限，深入探索"存在"的本质。立足于中国传统文化中的"转识成智"，我们能够超越现

---

① 易纬乾凿度 [M]. 郑玄, 注. 北京：中华书局, 1985：1.

有的文化符号领域，翱翔在更广阔的天地万物的存在活动之中。如同蝴蝶破茧而出，自由地探寻生命的深远意义与无尽价值，让符号意义回归存在本体。

第八章的核心理念词为"转识成智"，在现代语境中，它寓意着将我们对世界的认识提升至深邃的智慧层面。此理念旨在突破表层、相对的知识界限，深入探索生命、宇宙及其存在本质的真谛。这一词汇源于佛学的修行实践，目的在于减轻个体内心的烦恼与无明，实现心灵的净化和智慧的觉醒，从而摆脱"我执"与"法执"的桎梏。在挣脱"我执"与"法执"的过程中，首要任务是克服"我执"，因为一切"法执"均源于"我执"的迷惑。而"转识成智"则是指将有限的、相对的认识（识）转化为无条件的、绝对的智慧（智）。这一转化过程往往需要超越语言符号的局限，通过修行实践，个体才能够超越对自我与外界的执着，回归于真正的存在状态。

总之，符号学作为研究意义构建与传递的学科，与自我管理理论——一种探讨个体如何塑造自我的哲学思想，尽管皆为现代思想的成果，但其根源可追溯至人类历史的早期阶段。人类的符号活动与自我管理的自觉性相互交织，不仅决定了人类与其他生物的根本区别，更是人类文明璀璨繁荣的重要推动力。符号学的深入研究揭示了人类如何通过符号体系来理解和诠释世界，将抽象概念转化为具体意义，并据此指导我们的行为和决策。而自我管理理论则聚焦于个体如何通过自我认知、目标设定和自我调节等过程，实现个人成长与职业发展。在人类文明的演进历程中，符号的运用与自我管理的能力使人类能够协同合作、创新进取、传承知识，从而推动了科学、艺术、哲学和技术的飞速发展。这些成就不仅彰显了人类智慧的深刻与广阔，也体现了人类对理解世界和塑造自我命运的不懈追求。因此，符号学与自我管理理论的结合不仅局限于学术研究的范畴，更为我们提供了实用的工具，助力我们更深刻地理解自我，更有效地进行沟通，以及更积极地参与构建我们共享的社会与文化现实。

第七章
"感而遂通"：符号表征的反向认知

导　言：符号认知与表征的"遮蔽"现象，已经引起了学界的普遍关注，甚至导致了语言论转向。如何走出这一困境，不仅关系到认知模式的重新认识，而且与外语教学人才培养目标的转型息息相关。本章以中国传统文化中的"感而遂通"为立足点，从西方语言符号学中的休谟问题出发，运用索绪尔、皮尔斯、乌克斯库尔的符号学理论对符号活动中的休谟问题进行分析，并且为提升语言学习者的思维能力，进一步以庄子的"心止于符"思想为依据，努力摆脱经验和理性的羁绊，在任运自然的状态下，还符号意义以自由。其实，这种符号表征的反向认知路径更是完善了精神文化符号学的正反向互动的认知模式。

一、引言

符号的表征往往被视为由作为主体的人对客体或自然认知的意义呈现。每个民族又习惯于用自己的语言文字进行表征，而外语教学的目的主要是通过语言规律的学习，来实现不同语言之间的转换以及外界信息的传达。然而，语料的世界是浩瀚的，任何规则和归纳都无法穷尽对所有语言现象的概括。从主体到客体的符号表征难免会受到理性思维的局限，用有限的主观认知模式去把握无限的客体世界或自然，显然是难以做到、力不从心的，甚至还会束缚外语教学的手脚。如何走出这一困境，探索一条理想的符号表征认知途径？这已成为我国外语教学与研究界亟待解决的重要问题之一。

基于先秦哲学的精神文化符号学与自我管理

随着我国高校外语教学与研究的不断深入,人才培养的重心已经发生了重要转移,由语言知识的传授和技能的掌握,转向了获取知识、思维和综合等能力的提升,以此来避免语言知识本身的限制。外语学习的最终目的是要透过语言符号表征,敏锐体悟不同文明的精髓,促使异域文化真正内化,甚至与本土文化相互融合,从而努力企及更高的理论和思想境界。要实现这一目标,就必须走出以主体为出发点的现存符号表征的认知模式,探寻一条以客体或自然作为认知出发点的反向认知模式。这就是以自然主体论为基础的中国古代哲人的认知方式——"感而遂通",也是精神文化符号学所努力追求的认知模式。

"感而遂通"出自中国古老的《周易》,在印度佛学的输入过程中发挥着特殊的作用。东晋学者韩康伯认为,外域的佛学与本土的道家之间的思想关系是"寂然不动,致本则同,感而遂通,达迹成异"[1]。宋代学者周敦颐、程颢、张载、朱熹等思想家也以"感而遂通"为依据证明儒学的宽泛性。程颢说:"'寂然不动,感而遂通'者,天理具备,元无欠少。"[2] 虽然程颢是以此来抵御佛学对儒家思想的冲击,但这是一种非常良性的文化交流与对抗,既有利于本土儒道等思想的发展,也有利于佛学思想的丰富。与此对应,印度佛学传播者为了让中国人更好地理解,也常常运用"感而遂通"对佛学进行诠释,甚至将"寂然不动,感而遂通"这两个词语直接写进了中国佛学的话语体系中,变成佛学本土化的专门用语之一。古代这种透过经典的词句进行不同文化之间"对话"的方式,正是现代外语教学与研究可以借鉴的模式之一。现代外语教学与研究过于偏重对语言要素、语法结构等的关注,而往往对不同文化灵魂与精神的交流重视不够,容易认为这种交流属于哲学范畴而不属于语言符号范畴。但是西方自身的哲学早已开始迈向语言符号学方向,所以在高校的外语教学与研究进行这种尝试,符合时代发展方向。

"感而遂通"能不能在当代西方文化的输入过程中,同样担当这种文

---

[1] 弘明集 [M]. 刘立夫,魏建中,胡勇,译注. 北京:中华书局,2013:410.
[2] 程颢,程颐. 二程集 [M]. 北京:中华书局,2002:43.

化桥梁作用呢？甚至在一定程度上打通印度佛学和当代西方两次重要的文化输入，从而形成更理想的人类认知模式呢？本文将以中国传统文化中的"感而遂通"为立足点，从西方语言符号学中的休谟问题出发，运用索绪尔、皮尔斯、乌克斯库尔的符号学理论对符号活动中的休谟问题进行分析，积极推动西方符号学的本土化和中国传统符号思想的国际化，以及两者的相互融合，充分释放符号的意义，努力为精神文化符号学的正反向互动的认知模式开辟符号表征的反向认知路径。

二、主客体质疑：休谟问题的重释

休谟问题（Hume's problem）是休谟在研究人类知识种类时提出的，也是西方近代哲学史上的一个重要问题。休谟问题可以简单表述为从"是"能否推出"应该"的问题。尽管休谟本人对此并未做出完美的回答，却就从主体出发以逻辑思辨为前提的认知活动提出了疑问。休谟认为，人类知识分为两类，即观念关系（relations of ideas）和实际事情（matters of fact）。前者"完全决定于我们所比较的各个观念"[①]，比如算术、代数、几何等具有一定的确定性，依靠人的主观分析就能发现其关系；后者"是可以不经过观念的变化而变化"[②]，具有不确定性，不能仅依靠分析观念关系而充分获得，必须依靠感知活动的参与。例如，天鹅"应该"是白色的，就是从最初的感知得来的，后来到地理大发现时代黑天鹅在澳大利亚被发现，这一感知则被推翻。休谟问题使人们对类似于"太阳'应该'从东方升起"这样毋庸置疑的观念也产生了疑惑，从而引发了对人类认知模式的质疑，尤其是从主体出发进行归纳演绎的逻辑思维模式。

语言符号活动中同样存在着休谟问题，是一个"从感知（perceived），到接收（received），到接受（accepted），到解释（interpreted）"的过程。

---

① Hume. A Treatise of Human Nature [M]. Auckland: The Floating Press, 2009: 119.
② Hume. A Treatise of Human Nature [M]. Auckland: The Floating Press, 2009: 121.

"'接收'与'接受'有细微差别,'接受'是内化的开始"①,"接受"的过程是将符号再次符号化的过程。在皮尔斯的符号"代表项-对象-解释项"三要素中,解释项是被感知的符号经过接受在解释者大脑中的呈现,主要是由经验归纳与理性演绎产生的。其实,经验既能帮助人提高认知也易误导人。任何解释项的理性演绎都源自归纳的前提,或曰某种"共同感受"(common sense),而"共同感受"本身就存在非理性的因素,因此演绎过程也会产生解释项与对象不一致的可能性。

根据皮尔斯符号学理论,符号活动是一个动态的不断升级过程。每个符号的解释项还承担着新符号代表项的职能,同时又与另一新的对象产生关系,从而转化成为一个新的符号。人类文明也因此得以传承与发展。无论是基于经验还是理性的符号活动,虽然都对人类社会的进步做出了极大的贡献,但其中所隐藏的问题越来越引起学界的关注,即符号表征的"遮蔽"(covering up)。在皮尔斯那里,符号的对象与解释项是相互隔开的,对象是在意识之外的,而解释项是在人的意识之中。意识的有限性和局限性导致人的意识不能真正"进入"对象。语言符号的休谟问题反映了西方符号学中从主体出发的符号意义表征活动所存在的问题。

西方符号学界尽管在学术传统上更注重人的主体性,不过随着生态符号学的兴起,也早已突破了以语言为中心的符号生成模式,开始关注有机体与其周围环境互动过程的符号生成模式。乌克斯库尔将动物的"行为世界"(wirkwelt)和"感知世界"(merkwelt)合称为功能圈(functionskreis, functional cycle)②,相似的功能圈才会产生相似的认知。正如荀子所说"凡同类同情者,其天官之意物也同"③。"功能圈"注重的是整个生命体,而不仅是人的大脑思维活动。"功能圈"是一种以自然环境为主导的感知存在,而并非只是以主体为出发点的认知模式。

---

① 赵毅衡. 符号学原理与推演[M]. 南京:南京大学出版社,2011:27.
② 生命符号学:塔尔图的进路[M]. (爱沙)库尔,(爱沙)马格纳斯,编. 彭佳,等译. 成都:四川大学出版社,2014:7-8.
③ 荀子[M]. 杨倞,注. 耿芸,标校. 上海:上海古籍出版社,2014:270.

第七章 "感而遂通":符号表征的反向认知

乌克斯库尔的生态符号学理论引发人们去思考,现代人的"行为世界"和"感知世界"是否符合宇宙天地赋予人类的本源状态。人类思维显然迥异于动物"思维",但人类的"前思维"一定基于动物的"思维"。中国传统文化中的"感而遂通"就与人类的"前思维""前逻辑"相关,人类未来发展的方向也许就是要把这前后两种思维和逻辑相融合。生态符号学将天地万物当作自然文本,自然文本不局限于文字符号与语境之间的联系,而是有机生命体和自然环境之间的生态关系。自然是第一性的,是认知行为的发生者,是自然文本一切意义的创造者。如若没有自然界的信息,人类就无从认知,甚至连人类都根本无法诞生。人类一直试图在征服和改造自然,但最终必将回归自然。当然,这种回归自然不是回到丛林时代,也不只是生态环境保护,而是要在认知模式上发生根本性的转变,即从自然到人的反向认知。这也就是"人法地,地法天,天法道,道法自然"①,搁置以人为中心的主客体模式就是这种"法",保护人的大脑的生态环境,以此达到任运自然的目的,实现"感而遂通"。

要开启"感而遂通"的认知模式,前提就是"无思""无为","《易》无思也,无为也,寂然不动,感而遂通天下之故"②,这种知觉过程就是要消解认知主体的成见和已形成的概念等人为因素的干扰,从而获得与万物相通的状态。"无思"不是没有觉知,而是"任运自然,不关心虑,是无思也"③;"无为"不是不作为,而是"任运自动,不须营造,是无为也"④。也就是说,只有在"任运自然""任运自动"的行为状态下,才能产生"感而遂通"的知觉模式。这种任运自然的感通不会将主观思想附加给客观现象而产生某种意义,反而能够真正实现符号意义的释放。

---

① 老子道德经注[M]. 王弼, 注. 楼宇烈, 校释. 北京:中华书局, 2011:66.
② 周易正义[M]. 王弼, 韩康伯, 注. 孔颖达, 正义. 北京:中国致公出版社, 2009:242.
③ 周易正义[M]. 王弼, 韩康伯, 注. 孔颖达, 正义. 北京:中国致公出版社, 2009:272.
④ 同上.

三、意义的自由：任运自然的感通

显然，"感而遂通"并非要确定符号的意义，而是要在任运自然的状态下，还符号意义以自由。这就从根本上改变了符号学研究的任务，引发外语教学与研究界的重新思考，即语言教学与研究究竟是知识或规律的确定和传授，还是认知能力与人生境界的提升？无论是皮尔斯的"代表项-对象-解释项"，还是索绪尔的"能指"与"所指"，这些都是"有思""有为"的过程。任运自然的感通是通过"无思""无为"的"无知"，从而实现"感而遂通"。宋代思想家张载就此进行了专门阐释："无知者，以其无不知也；若言有知，则有所不知也。惟其无知，故能竭两端，《易》所谓'寂然不动，感而遂通'也"①，"无知"的根本目标是努力消解人为的语言符号所构成的理性认知，敞开符号自身的意义。

任运自然的感通不仅是认知模式，更是一种存在方式，认知与存在之间关系密不可分。乌克斯库尔的符号学理论起源于对动物活动的考察，动物的"行为世界"是"无思""无为"的，也就是"任运自然""任运自动"状态；动物的"感知世界"是"感而遂通"的状态。动物的"行为世界"和"感知世界"更注重"应该"如何存在，而并非"是"什么。《大学》引用《诗经》中的诗句"绵蛮黄鸟，止于丘隅"②，发出了"于止，知其所止，可以人而不如鸟乎？"③ 的感慨。小鸟仿佛很清楚"应该"如何存在，而人类却容易产生"所知障"，因此《大学》感叹人类在应该如何存在的问题上还不如小鸟。任运自然的感通关注的不仅是认识问题，更是人类应该如何存在的问题，认知的终极目标之一就是追求合理的存在。如果符号的意义蕴藏于合理的存在之中，而不只是认识之中，那么以任运自然的感通为存在模式，就可以真正实现还符号意义的自由。

任运自然的感通不是一种理论推断出的结论，而是真实存在的行为结

---
① 丁原明. 横渠易说导读 [M]. 济南：齐鲁书社，2004：168.
② 诗经 [M]. 王秀梅，译注. 北京：中华书局 2015：567.
③ 礼记 [M]. 胡平生，译注. 北京：中华书局 2017：1165.

第七章 "感而遂通"：符号表征的反向认知

果。行为的"无思""无为"，不同于概念理解的"无思""无为"。只有行为上的"任运自然""任运自动"，才能实现真正的"无思""无为"，而理解中的"无思""无为"，不会产生"感而遂通"的知觉。郭店楚简《老子》（甲本）曰："为无为"①，这里的"为"是要达到"无为"的境界。老子还说"涤除玄览"②，其中的"涤除"就是一种行为，"涤除"的目标是为了"无思""无为"，而"玄览"类似于"感而遂通"的境界，只有进行"涤除"的行为后，心才能够如同一尘不染的明镜，既可以观照万物又会不留下万物的痕迹。其实，不仅是道家重视行为达成而不是概念理解，儒家亦是如此。《孟子》中"所不虑而知者，其良知也"③的思想寓意类似于"无思""无为"而至于"感而遂通"。王阳明传承孟子思想并把自己的学术归为"致良知"④，这本是与"为无为"不同的两种思想，但如果把"致"与《老子》（甲本）"为无为"中的"为"联系起来，就不难见出，要达到任运自然的感通或曰"良知"，就不能够仅凭概念理解，而是要实现"为"的"无为"，即感通行为。

这种中国传统文化的"行为世界"特质，形成了一种文化传播的独特方式。人类文明传播的载体不仅是语言符号，还可以是人的"行为世界"，即传授感知的行为。"感而遂通"实际上就是通过"行为世界"传播"感知世界"的方式。人的感知或曰知觉是难以用语言符号表述清晰的，极易产生歧义。语言符号与知觉只能接近而不可能等同，因此语言符号是无法完全接受和传达知觉的。语言符号在传授文化时，将不得不固化符号意义，更难以避免阐释者的主观意识。"无思""无为"的行为模式则以"感而遂通"的方式，传递着不同社会对自然和人性尊重的信息，还符号意义以真正的自由。

其实，任运自然的感通行为并非只是"出世"的，而且也是"入世"的，并非远离人们的日常生活。《周易·大象》就特别关注复杂社会环境

---

① 刘钊. 郭店楚简校释 [M]. 福州：福建人民出版社，2003：2.
② 老子道德经注 [M]. 王弼，注. 楼宇烈，校释. 北京：中华书局，2011：25.
③ 孟子 [M]. 朱熹，集注. 上海：上海古籍出版社，2013：186.
④ 王守仁. 王阳明全集 [M]. 上海：上海古籍出版社，2012：969.

中的应有"行为世界"和"感知世界",寻求人在社会环境中的活动法则符合宇宙天地的运行法则的境界,也就是社会活动的"任运自然""任运自动"状态。《艮·大象》的"君子以思不出其位"[1] 就是表明人应该在某种"位"中通过意识专一从而达到无邪思杂虑、无妄为拙力的境界。《大象传》中有很多"君子以……"这样的句型,告诫人们在各种社会活动中应有的"行为世界",从而进入一种通透合理的"感知世界"。

《大象传》就是立足于生活本身来寻求"道",但"道"却并非随意可得,因为"百姓日用而不知"[2]。只有拥有不寻常的"行为世界",才能真正获得类似于"道"一样的"感知世界"。此类告诫在《大象传》中比比皆是,如《家人·大象》中"君子以言有物而行有恒"[3] 和《颐·大象》中"君子以慎言语,节饮食"[4] 等。《损·大象》中的"君子以惩忿窒欲"[5] 等,甚至还关注到人的情绪平衡问题。《大象传》更是指明了反向内求的重要性,如《蹇·大象》中的"君子以反身修德"[6],《晋·大象》的"君子以自昭明德"[7] 等。这些指明只有经过反向内求才能真正获得任运自然的感通。《大象传》的重要价值之一就是基于真实的生活世界,在跌宕起伏的日常生活中寻求任运自然的感通。这如同王阳明所说的"人须在事上磨"[8],在事上磨砺的不是处事能力而是人通透的心性。从符号学角度,只有不脱离生活世界所获得的符号意义自由,才具有真正的现实价值。西方也有类似的由日常生活推演哲理的方式,胡塞尔、维特根斯坦、海德格尔等都对此都有所关注,日常生活的意义世界已成为符号学者研究的重要命题之一[9]。

---

[1] 周易注校释 [M]. 王弼, 注. 楼宇烈, 校释. 北京: 中华书局, 2012: 194.
[2] 周易注校释 [M]. 王弼, 注. 楼宇烈, 校释. 北京: 中华书局, 2012: 236.
[3] 周易注校释 [M]. 王弼, 注. 楼宇烈, 校释. 北京: 中华书局, 2012: 138.
[4] 周易注校释 [M]. 王弼, 注. 楼宇烈, 校释. 北京: 中华书局, 2012: 103.
[5] 周易注校释 [M]. 王弼, 注. 楼宇烈, 校释. 北京: 中华书局, 2012: 152.
[6] 周易注校释 [M]. 王弼, 注. 楼宇烈, 校释. 北京: 中华书局, 2012: 145.
[7] 周易注校释 [M]. 王弼, 注. 楼宇烈, 校释. 北京: 中华书局, 2012: 130.
[8] 王守仁. 王阳明全集 [M]. 上海: 上海古籍出版社 2012: 11.
[9] 薛晨. 日常生活意义世界: 一个符号学路径 [M]. 成都: 四川大学出版社, 2019: 1.

现代汉语中"感通"一词就是出自"感而遂通"①。"感通"基于"感知",而"感知"又可分为感觉过程和知觉过程。知觉过程是对感觉信息进行符号处理的过程,这种知觉过程会受主观意识的影响。北宋思想家张载说:"世人之心,止于见闻之狭"②,感通就是要尽可能地用感觉过程来克服知觉过程带来的片面性,形成一种新的感知。这种感知可以消解人为的、逻辑的符号处理模式,真正让意义回归自然,充分释放符号的意义。显然,"感而遂通"的感知不同于理性认知活动中的感知,后者是主客体分离的状态,前者则是天人合一。这就代表着两种不同的认知方向,一种方向是向外运用分析推理寻求知识的模式,另一种是不设立人为障碍让知识进入的反向模式,也就是本文所说的反向认知。

四、反向的认知:心止于符的范式

在我国高校的外语教学与研究中,究竟应该如何释放符号的意义,提高学生获取知识、提升思维等综合能力,达到"感而遂通"的理想境地?反向认知或许能够为此提供值得借鉴的路径,这里并非简单的批判性思维模式,而是一种返回自然的思维范式。

"反"在先秦哲理中概念独特。老子说:"反者,道之动"。王弼注说:"动皆知其所无,则物通矣"③,楼宇烈就此进一步解释:"万物动作如能知道其根本是无,就可以包通万物了。"④ 显然,老子"反"的思想是寻求与万物相通,而这种相通的前提是"无"。郭店楚简《老子》(甲本)同样说道:"返也者,道动也"⑤,"返"与"反"相通,其寓意都是要去人的主体性而回归自然。庄子也将"反"与"道"相关联,庄子倡导"反衍",庄子说:"以道观之,何贵何贱,是谓反衍。"⑥ 在庄子思想中,与"反衍"

---

① 辞海 [M]. 夏征农,编. 上海:上海辞书出版社. 1979:3654.
② 张载. 张子正蒙 [M]. 王夫之,注. 上海:上海古籍出版社,2000:154.
③ 老子道德经注 [M]. 王弼,注. 楼宇烈,校释. 北京:中华书局,2011:113.
④ 同上.
⑤ 刘钊. 郭店楚简校释 [M]. 福州:福建人民出版社,2003:26.
⑥ 庄子注疏 [M]. 郭象,注. 成玄英,疏. 北京:中华书局,2011:313.

对应的是"以道观之",显然是为了突破了"以人观之"的局限性。孟子也喜欢说"反",其"反身而诚"①貌似"有我",但前提是"万物皆备于我矣"②,当"有我"大到与万物一体时,其本质已是"无我",从根本上就是指心物一体的状态。

先秦时代,尤其是曾在齐国稷下读书的学士们都比较推崇"反",韩非子提出的"因天之道,反形之理"③,其实就是顺应自然之道,目的是为了"去智与巧"④,方法是"虚以静后,未尝用己"⑤,推崇要获得正确的认识应该排除主观干扰。管子的"静因之道"⑥与韩非子的"反形"异曲同工,明确倡导"为道",即顺应自然地去看待世界,消解人的主观束缚,从而获得由客体到主体的反向认知。

后代学者北宋邵雍提出"反观",对反向认知的描述就更加简洁明了。他指出:"所以谓之反观者,不以我观物也"⑦,可见"反观"显然是与"我观"相对应的,就是要突破主体认知的局限性,走出认知的"遮蔽"困境,以无我的状态,达到"不以我观物者,以物观物之谓也"⑧。"以物观物"是一种以自然为主体,让生命达到任运自然的感通状态。反向认知就是破除从主体到客体的"以我观物",形成由客体到主体的"以物观物"。

人类的知识探索就是在寻求主客体的一致,从主体到客体或从客体到主体的相符,其实本质上是相同的。因此,反向认知是一种特殊的认知方法论。庄子提出"听止于耳,心止于符"⑨。前者是"遣耳目"的状态,后者则是"去心意"的状态。"心止于符"是消解意识对名相符号的执念,不再追求从主体出发寻求主客体的一致,是不作任何分别判断的觉知,是

---

① 孟子[M]. 朱熹,集注. 上海:上海古籍出版社,2013:181.
② 同上.
③ 王先慎. 韩非子集解[M]. 钟哲,点校. 北京:中华书局2013:46.
④ 同上.
⑤ 同上.
⑥ 管子[M]. 房玄龄,注. 刘绩,补注. 刘晓艺,校点. 上海:上海古籍出版社,2015:263.
⑦ 邵雍. 皇极经世[M]. 王从心,整理. 李一忻,点校. 九州出版社,2012:484.
⑧ 同上.
⑨ 庄子注疏[M]. 郭象,注. 成玄英,疏. 北京:中华书局,2011:81.

第七章 "感而遂通"：符号表征的反向认知

没有以经验为标准的识别活动，更没有类似归纳或者演绎的意向活动。"心止于符"产生的客体与主体相符合，不同于主客体分离的认知，而是主客体相融合的心物一体，正如庄子所说的"万物与我为一"①。

如果按照后期道家曾据"听止于耳"提倡反听，"心止于符"也可以说是一种反符。反向认知追求的不是基于认识论的透过现象看本质，而是让人从认识世界返回到本体世界。这个本体世界不同于哲学概念中的本体世界，而是包括身体在内的活生生的行为本体。反向认知寻求的是与万物相通的本体状态。

反向认知属于非语言符号活动，是用语言符号无法表述清楚的，所谓"书不尽言，言不尽意"②。语言符号往往只能表现相对的、有限的感知，而对绝对的、无限的感通则显得力不从心。因此，是否可以改造现有的语言符号系统来描述非语言符号活动呢？先秦的很多思想家都开展了积极的探索，老子采用的是"强为之名"的方法，"道"就是一种勉强"名"，老子说"吾不知其名，字之曰道，强为之名曰大"③。在索绪尔的普通语言学教程中，"名字"本是语言符号活动中的"能指"，要对应于相关的"所指"。如果从反向认知的维度，"能指"与"所指"的对应关系可能是颠倒的，也就是万物中皆有"道"。万物均是"道"的"能指"，而"道"反而成了说不尽的"所指"，而且这种关系是动态不定的。正如《列子》所说"无指则皆至"④，"道"就属于无指之指，因而不同于普通的语言符号，所以老子还说"道可道，非常道"⑤。尽管"道"是无法说清的，但毕竟为语言符号的反向表征，即"能所指"关系倒置，提供了深刻的思考。

其实，庄子也运用了"卮言""重言"等独特的语言符号形式。他提出"卮言日出，和以天倪"⑥，这里"日出"是指每天都处于变化之中，突破了语言符号的时间固化，而"天倪"是指符合自然之道的平衡状态，突

---

① 庄子注疏［M］．郭象，注．成玄英，疏．北京：中华书局，2011：44．
② 周易注校释［M］．王弼，注．楼宇烈，校释．北京：中华书局，2012：244．
③ 老子道德经注［M］．王弼，注．楼宇烈，校释．北京：中华书局，2011：65．
④ 列子［M］．叶蓓卿，译注．北京：中华书局，2011：108．
⑤ 老子道德经注［M］．王弼，注．楼宇烈，校释．北京：中华书局，2011：2．
⑥ 庄子注疏［M］．郭象，注．成玄英，疏．北京：中华书局，2011：494．

破了语言符号的人为固化。唐代成玄英注疏："无心之言，即卮言也。"①这就是"无思""无为"状态中的语言符号形式，或者说是庄子的"天人合一"的语言符号表征。庄子还说"以卮言为曼衍"②。曼衍也是"无心"的寓意，所以"卮言"是庄子悬置主观成见的体道之言，庄子就是要消解人对语言符号的执念。唐代成玄英解释道："卮言，不定也"③，"卮言"之所以"不定"，正如《庄子》所说"指不至，至不绝"④，"卮言"解放了语言符号"能指"与"所指"的束缚，是为了听者自悟而形成的一种语言符号表征，不是一种逻辑的演绎过程。"卮"是中国古代一种非常特殊的器皿，"卮"的特质是"夫卮满则倾，卮空则仰，空满任物，倾仰遂人"⑤，所以，庄子的"卮言"是一种舍己从人模式的语言交流活动，是为了触发听者的自我对话。显然，"感而遂通"的认知不是他人可以教会的，而是需要自己来体悟，所以自我"对话"就显得非常重要。庄子还推崇"重言"，提出"以重言为真"⑥。"重言"也不是用来讲道理的，只需要对"重言"信以为真。"重言"所释放的内容反常规认知，很难通过理性思考充分理解，但信任这样的"重言"就能有收获。"卮言"的不确定性与"重言"的毋庸置疑性，都不符合语言符号活动的规律，因为这些语言形式都是为了借语言说非语言。

除此而外，中国传统文化中的特殊象符号也是反向认知重要表现方式之一。语言符号通常是人对客观复杂现象的凝练表征，即主体对客体认知的确定性表达。然而，象符号则恰恰相反，是通过"原象"来指涉万事万物的变化，揭示事物的复杂性，也就是"原象"作为"能指"可以对应于多个或者无数变化形成的"所指"。具体说来，《周易》以阴阳为基本元素，用阴爻"— —"和阳爻"—"作为"原象"（能指），又由阴阳组成了八卦。两卦再重合后组成六十四卦，象征天地万物。显然，与此相对应的

---

① 庄子注疏[M]. 郭象，注. 成玄英，疏. 北京：中华书局，2011：494.
② 庄子注疏[M]. 郭象，注. 成玄英，疏. 北京：中华书局，2011：569.
③ 同上.
④ 庄子注疏[M]. 郭象，注. 成玄英，疏. 北京：中华书局，2011：573.
⑤ 庄子注疏[M]. 郭象，注. 成玄英，疏. 北京：中华书局，2011：494.
⑥ 庄子注疏[M]. 郭象，注. 成玄英，疏. 北京：中华书局，2011：596.

第七章 "感而遂通"：符号表征的反向认知

"所指"则是千变万化的阴阳组合，"能指"不仅不再与"所指"一一对应，而且两者的关系是一对多，甚至一对无限。因此，象符号不是为了归纳和概括意义，而是为了释放意义。象符号改变了"人说符号"的逻辑关系，而是"符号说人"。也就是说，象符号帮助人从语言符号的概念束缚和制约中解放出来，赋予符号以意义的自由。

在《周易》中象符号的构成，运用了法天取象的方式，即"仰则观象于天，俯则观法于地"①。法天取象是一种对自然文本的解读，自然文本是有生命力的、活生生的文本，自然文本的最大魅力是自然中亘古变与不变合一的文本内涵。万事万物中都含有阴阳，比如动静也是阴阳，所以"阴阳"的解释项也不能确定，阴阳重叠而成其余卦象。正因为阴阳的"所指"是不固定的，那么由此构成的各种象符号就拥有了无限的解释性。阴阳之说对中国古代医家、兵家、哲学家、养生家等几乎各门各派的思想都产生了深远影响，所谓"仁者见之谓之仁，知者见之谓之知"②，而这一切都源于阴阳两个原象符号，所以《易经·系辞上》曰："一阴一阳之谓道。"③

显而易见，中国传统文化中的象符号迥异于语言符号。索绪尔有意识地把理据性象符号排除在语言符号之外，这样可以坚守语言符号的任意性和时间性不被干扰。皮尔斯虽然没有绝对把语象分开，但他也是主张语象分治。皮尔斯的像似符、指示符、规约符的三分法，就是为了将语言符号与异质符号划清界限。然而，中国传统文化中的象符号恰恰是为了消解语言的意义表征，这样才能真正传播类似于"感而遂通"这样的反向认知。

除了《周易》中以阴阳为原象的象符号之外，中国传统文化中还有很多其他形式的象符号，比如，有些特殊的音乐也有象符号功能，所谓"乐者所以象德也"④；有些特殊图形乃至绘画也有着象符号功能，甚至青铜器等器皿也承担着一定象符号的功能。中国传统文化中象符号的目标可以统

---

① 周易注校释[M]. 王弼, 注. 楼宇烈, 校释. 北京：中华书局, 2012：247.
② 周易注校释[M]. 王弼, 注. 楼宇烈, 校释. 北京：中华书局, 2012：236.
③ 同上.
④ 礼记[M]. 胡平生, 张萌, 译注. 北京：中华书局, 2017：56.

一用八个字来概括："象以载道，道以象显"，也就是说"象"只是一个载体，"道"才是根本，既不能陷于"象"之中，又不能忽视"象"的作用。如果没有"象"就不能显现出"道"。老子的"大象无形"①正是这个寓意。拘于象符号寻求"道"属于缘木求鱼，而完全脱离象符号之后"道"将了无痕迹。只有基于象符号，又超于象符号，才能真正"执大象，天下往"②，"感而遂通"的反向认知是促使中国传统文化中象符号丰富的重要原因。

在我国高校的外语教学与研究过程中，有关自有理论建构的问题一直存在。王文斌教授指出，我们自己的外语教育尚未提升理论自信和理论自觉，惯于照搬、紧跟或模仿国外理论和实践，缺乏自我构建理论和自我实践的勇气，沦为国外理论和实践的"打工仔"③。精神文化符号学的提出对构建自有理论进行了有益尝试，反向认知有利于推进教学模式的改革，不仅在高年级或研究生教学中能够对现有的理论和知识提出反思，而且可从语法、构词、发音规则等质疑的维度，实施具体教学，从而提升学生的思维能力，助力学生综合素养的提升。此外，外语教育和研究需要突破工具理性的桎梏，避免陷入"无用之用"的思维倾向④。反向认知正是要在注重培养语言习得者知识和技能的同时，强调其人文素养的提升，从而在"道"的层面培养富有独特见地、立场坚定、具有跨文化意识且视野开阔的语言服务和创新人才。

五、结语

当今，人类在征服和改造大自然的活动中，越来越占有主导的优势地位，人类社会也进入了泛符号主义（pan-semiotism）时代，不仅符号活动

---

① 老子道德经注［M］．王弼，注．楼宇烈，校释．北京：中华书局，2011：116．
② 老子道德经注［M］．王弼，注．楼宇烈，校释．北京：中华书局，2011：91．
③ 王文斌，柳鑫淼．关于我国外语教育研究与实践的若干问题［J］．外语与外语教学，2021（1）：3．
④ 李崇华，张政．外语教育"道""器"之共轭：翻译学科视角［J］．外语电化教学，2022（3）：32．

第七章 "感而遂通"：符号表征的反向认知

被视为人的本质特征，而且世界已成为一个信息化、高科技、人工智能的符号化世界。然而，人类社会的发展是一个循环渐进的过程，在人的主体性作用发挥到极致的同时，返回客体、自然主体论的思潮必然重新崛起。在符号学界，一场由"人说符号"转向"符号说人"的革命正在发生。其实，人类越是利用自身的智慧不断取得进步，就越是能够感到经验与理性的不足及认知的瓶颈。"感而遂通"的反向认知就是要践行"无思""无为"的行为方式，体悟超越经验与理性的感通。

精神文化符号学力求建立符号活动的双向过程，一方面可以从主观到客观认知世界并用语言符号加以表征；另一方面也可以从客观到主观感知自然信息并反向释放符号意义，从而形成一种感通世界的循环交互认知模式。其实，人类的认知模式也主要有两种，也如黄宗羲所说"丽物之知"和"湛然之知"[①]。两者并举才能实现以相"通"为基础的相识和以知"道"为基础的知识，也就是不仅追问世界"是"什么，更重要的是寻求人类"应该"如何存在，进而使天地精神、宇宙精神能够浸入人们的身与心。正如庄子说："独与天地精神往来，而不敖倪于万物"[②]，只有悬置人的主体性而不敖倪万物，才能真正融合天地的精神。文化的传承最核心的是精神的传承，精神文化符号学目标正是要践行天地间人与自然融合的精神。新文科背景下的外语研究是对中国语言文化以外的一切事物的认知和思考，是在世界不同知识共同体之间的学术交流和对话[③]，而这些研究成果不仅能服务于我国的语言文化产业，更能加快此进程。"感而遂通"曾经在中印文化交融过程中有力地推动了印度佛学思想的中国化进程，希冀"感而遂通"也能在东西文化的交流，尤其是东西方语言符号交流中架起一座特殊的文化沟通桥梁，为高校外语研究与外语教学工作做出应有的贡献，实现人类文明终将达到"不同同之之谓大"[④]的理想境界。

---

① 黄宗羲. 宋元学案 [M]. 陈金生，梁连华，校. 北京：中华书局，1986：601.
② 庄子注疏 [M]. 郭象，注. 成玄英，疏. 北京：中华书局，2011：569.
③ 杨枫. 外语研究的问题意识与理论构建 [J]. 外语与外语教学，2019 (4)：2.
④ 庄子注疏 [M]. 郭象，注. 成玄英，疏. 北京：中华书局，2011：230.

第八章
"易之三义":语言遮蔽性问题的探索

导　言:长期以来,语言的遮蔽性问题一直成为学界重点关注而又难以解决的问题,该问题在哲学、语言学、文学批评和文化研究等多个学科领域中均有体现。究其缘由,问题的产生植根于人类将自我与外部世界分开的二元论基础之上。然而,随着现代哲学对主客体二元论作为人唯一认识存在状态的质疑,或许应该对语言遮蔽性本身进行一次彻底的反思。在中国传统文化中,存在一种独特的哲学思想,即"易之三义"——"简易、变易、不易"。"简易"引导我们以直观的方式去"体悟"意义;"变易"让我们以自由的态度去"释放"意义,顺应万物的变化;"不易"则启迪我们应以超然的心境去寻找与世界"相通"的状态,让世界回归其最本质的自然状态。这些古老智慧的教诲为人类探索语言遮蔽性问题提供了新的视角,即通过超越语言遮蔽问题本身来解决语言的遮蔽性。

语言的遮蔽性问题似乎已经成为学界难以解决的重要问题之一,该问题在哲学、语言学、文学批评和文化研究等多个学科领域中均有体现。它引发了人们对语言本身的深刻反思:人类经验的全部丰富性是否真的能够被压缩进语言符号的框架内?每一个意义是否都能被语言精确地捕捉和界定?语言的遮蔽性问题植根于人类将自我与外部世界分开的二元论基础之上。然而,随着现代哲学对主客体二元论作为人唯一合理存在状态的质疑,我们是否应该对语言遮蔽性问题本身进行一次彻底的反思?或许,语言的遮蔽性问题的答案,就隐藏在对这个问题本身的探索和质疑之中。在这个探索过程中,我们将更深入地理解语言的本质与世界的本原。

第八章 "易之三义"：语言遮蔽性问题的探索

学者赵毅衡指出，符号学的发展迄今已大致呈现出四种模式：首先是索绪尔（Ferdinand de Saussure）的语言学模式，其关注语言的结构与功能；接着是皮尔斯（Charles Sanders Peirce）的逻辑-修辞学模式，它探讨了符号的意指过程；第三种模式是卡西尔（Ernst Cassirer）的文化符号论模式，强调符号与文化的关系；最后一种模式，由巴赫金（Mikhail Bakhtin）倡导，从形式研究文化的起源，经洛特曼（Juri Lotman）等人发扬光大，这一模式融合了信息论、控制论、普利高津的耗散理论等多学科的智慧，构建起一个严谨而丰富的理论体系[①]。这些不同的符号学模式，沿着科学研究的道路，深入探索人类符号活动的奥秘，力求对符号系统进行更为合理的解构。这些探索和研究，无疑在一定程度上推动了人类符号表征活动的进步。然而，尽管符号学理论如此多姿多彩，语言的遮蔽性问题依旧是一个难以跨越的障碍。因此，我们有必要对语言的遮蔽性问题本身进行深刻的质疑。

中国传统文化中的"易之三义"最早在《易纬乾凿度》中被提及，书中写道："易者，易也，变易也，不易也。管三成为道德苞龠"[②]，这里的"易之三义"以"易、变易、不易"的形式初露端倪。孔颖达在《周易正义》中引用了郑玄的《易赞》及《易论》，即"易一名而含三义，易简一也，变易二也，不易三也"[③]，将"易之三义"描述为"易简、变易、不易"。在当今学术界的讨论中，众多学者普遍采纳"简易、变易、不易"这一表述来阐释"易之三义"。

"易之三义"映射出语言在传递深邃哲学思想时所遭遇的局限与挑战，然而，"易之三义"并未受困于语言的遮蔽性问题，因为它超越了将语言视为表达意义的工具这一论断。本文从"简易"与"体悟"意义的关联、"变易"与"释放"意义的交融、"不易"与"放下"意义的统一这三个维度出发，结合符号学的相关原理，对语言的遮蔽性问题本身提出质疑，

---

① 参见赵毅衡. 符号学原理与推演 [M]. 南京：南京大学出版社，2011：12-13.
② 易纬乾凿度 [M]. 郑玄，注. 北京：中华书局，1985：1.
③ 周易正义 [M]. 王弼，韩康伯，注. 孔颖达，正义. 北京：中国致公出版社，2009：4.

希望通过质疑问题本身,找到问题的解决之道。

一、"简易"与"体悟"意义

语言的遮蔽性体现了对理性的崇拜,即"逻各斯(logos)中心主义",在这种理论体系中,言语被视作通往真理的唯一通道。人类对言语和理性的过分推崇,使得非言语与非理性被边缘化。然而,这种理论正受到质疑,因为它忽视了意义的多维度。意义的探索不应局限于理性,还应包括直觉和"体悟"。因此,语言的遮蔽性问题本身就存在疑问。我们必须重新审视语言的作用,承认非言语符号活动的价值,以便更深入地理解世界和生活的真谛。

张岱年对中国哲学方法论的研究,为我们提供了宝贵的理论借鉴。在《中国哲学大纲》一书中,他精辟地总结了中国哲学家所采用的六种悟道之法:"验行""体道""析物""体物与穷理""尽心""两一或辩证"。他深刻地指出:"体道与尽心,都是直觉的方法,不过一个向外一个向内。析物是理智的方法。体物或穷理,则是直觉与理智合用的方法。验行是实验的方法。两一则与西洋哲学中的辩证法有类似之点。"[①] 张岱年认为,"体道"与"尽心"这类方法体现了中国传统文化中独特的认知模式,它能超越语言的遮蔽,直接引领人们"体悟"事物的本质。

学者张再林以现代语言的视角,进一步明晰了"体知"的重要性。在《作为身体哲学的中国古代哲学》一书中,他阐述:"'体知'(embodiment-cognition),即'体之于身'的身体之知,其有别于西方传统的借助意识、思维的'识知'或'思知',乃为中国古人特有的一认识世界和把握世界的重要方式。"[②] 从语言符号学的视角来看,"识知"或"思知"必须借助语言作为媒介,因而不可避免地会受到语言的遮蔽。而张再林所倡导的"体知",则超越了语言的遮蔽,这种"体知"正是张岱年所述的

---

① 张岱年. 中国哲学大纲 [M]. 南京:江苏教育出版社,2005:477.
② 张再林. 作为身体哲学的中国古代哲学 [M]. 北京:中国社会科学出版社,2008:170.

第八章 "易之三义"：语言遮蔽性问题的探索

"体道"与"尽心"，是中国传统文化中解决语言遮蔽性问题的关键途径，它将许多难以言表的"认知"问题转化为"体知"，通过独特的"体知"方式，巧妙地化解了语言的遮蔽性。

"体知"促使哲理在身体上引发深层的变革，使智慧与肉体合而为一。中国台湾学者杨儒宾对这一领域进行了深刻的探讨，他在儒家思想的海洋中，提出了独到的"儒家身体观"。在儒家哲学的体系中，"心性"是一个极为深邃的概念，然而，长久以来，语言在诠释"心性"时总是遭遇种种遮蔽。杨儒宾将"心性"置于"身体观"的透镜之下，他精辟地指出："儒家的心性论与身体论乃是一体的两面，没有无心性之身体，也没有无身体之心性。身体体现了心性，心性形著了身体。"[1] 这样的视角为我们开启了一条新的探索之路，从身体的实修出发，深刻地理解"心性"的内涵。意义不仅可以通过语言来传递，同样可以通过身体的实修来传播。

西方思想家亦未曾忽视"肉身"与哲学之间千丝万缕的联系。在这方面的探讨中，美国哲学家唐娜·哈拉维与神经科学家吉尔伯特·哈梅林的合著《肉身哲学》（Philosophy in the Flesh）尤为引人注目。这部作品不仅深入剖析了身体在认知、情感和道德维度的重要地位，而且还细致阐释了身体如何塑造我们对世界的感知与理解。哈拉维与哈梅林在《肉身哲学》中，对将认知简化为抽象符号操作、与肉体毫无瓜葛的传统认知科学观点提出了质疑。在他们看来，身体不仅是连接我们与外部世界的桥梁，更是构成我们认知基石的不可或缺的部分。尽管"肉身哲学"的立论基础仍然是理性，但其对身体的反观审视，无疑开辟了新的路径。它提醒我们，在追求真理的过程中，不应忽视身体的感受与经验，因为它们同样是我们理解世界的重要媒介。然而，不可否认的是，这种"肉身哲学"并未能够彻底摆脱"逻各斯中心主义"的桎梏。

西方"肉身哲学"有别于中国传统文化中的"体悟"，我们可以借助"易之三义"中的"简易"之道来洞悉其微妙的分野。在《易纬乾凿度》

---

[1] 杨儒宾. 儒家身体观 [M]. 中国台北：中研院文哲所，1996：1.

中"简易"以"易"字概括,郑玄的注解揭示了其深邃的意蕴:"易,无为,故天下之性莫不自得也。"① 郑玄阐释说,"简易"之道的核心在于"无为"境界中的"自得",将"无为"与"自得"融为一体即为"体悟"。"体悟"需要"无为"作为前提,而"肉身哲学"则不需要。

"简易"之道中的"无为",并非如其名般简单容易。马一浮先生在探讨这一哲学理念时,特别强调了"简易"并非简单容易。他说:"闻说易简,便以为已得之,谈何容易,须知求之实有功夫在。"② 马一浮所谓的这种"实有功夫",在《易纬乾凿度》中也有生动的描绘,即"不烦不扰,淡泊不失"③。这八字真言,不仅是通往"简易"之道的门径,更是其修炼至臻境界的体现。换句话说,若不通过"不烦不扰,淡泊不失"的实证修炼,主体仍被束缚于概念思维的樊篱之中;若未能修炼至"不烦不扰,淡泊不失"的境地,又仅触及哲学范畴的探索。唯有真正实践并达到"不烦不扰,淡泊不失"的境界,我们才能从"识知"或"思知"的层面飞跃至"体知"。西方"肉身哲学"不强调"不烦不扰,淡泊不失"的状态,因为"肉身哲学"的根基仍然是"逻各斯中心主义"。

在西方哲学的熏陶下,当代学术界对"简易"之道的解读倾向于"逻各斯中心主义"的范式,这种阐释主要分为两种:一是将"简易"之道视为方法论上的极简与高效,此种解读建立在将"简易、变易、不易"理解为"实践操作的便捷性、事物变化的动态性、基本原理的恒定性",或"方法上的简洁、现象上的多变、原理上的恒常";二是将"简易"之道解释为"在变化中寻找恒常,于恒常中洞察变化",即"变易中的不易、不易中的变易"。这类似于西方哲学中的"正、反、合"辩证法,将"简易"之道视为一种"合",在"正"与"反"的辩证对立中,既融合了"正"与"反"的精髓,又超越了它们,塑造出一个全新的、更全面和综合的视角或理念。这种"逻各斯中心主义"式的"简易"之道对于拓宽思维视野

---

① 易纬乾凿度 [M]. 郑玄, 注. 北京:中华书局, 1985:1.
② 马一浮. 复性书院讲录 [M]. 南京:江苏教育出版社, 2005:301.
③ 易纬乾凿度 [M]. 郑玄, 注. 北京:中华书局, 1985:2.

第八章 "易之三义"：语言遮蔽性问题的探索

具有极大的启发性，然而，我们不应忽视"简易"之道的深层"体知"模式，因为这才是中国哲理的根源。

综上所述，我们不应单纯地纠缠于语言的遮蔽问题，而应将对"体知"的深刻关注纳入视野。人类应当超越"识知"或"思知"的局限，迈入一个全新的"体知"时代。在中国古代哲学中，身体不仅是物理存在的载体，更是被视为宇宙本体的体现。通过身体直接体验和理解世界，这正是"易之三义"中"简易"之道的核心所在。在这个理性时代，拥有"体知"并不会使我们失去"识知"或"思知"，相反，它将引领我们向更高的认知境界攀登。

二、"变易"与"释放"意义

语言的遮蔽性源于对意义确定性的固执追求。语言文本的意义是否具有唯一的确定性，这是一个引人深思的命题。雅克·德里达认为，文本的意义并非一成不变，而是能够被"释放"或重新构建。解构主义强调文本的多义性和开放性，认为文本的意义是在读者阅读过程中共同构建的。因此，我们需要从一个新的视角，即意义是否真的具有唯一确定性，来重新审视语言的遮蔽性问题。

"易之三义"中的"变易"之道，为我们提供了深刻的启示。马一浮对"易之三义"诠释主要在《观象卮言》文中，他巧妙地选取了《庄子》中的"卮言"一词作为题名，这一用词蕴含着深邃的寓意。他说："题为'卮言'者，含义有二。一为'不执义'；二为'不尽义'。"[1]"不执义"与"不尽义"体现了庄子所谓的"卮言"特性，凸显了对释放意义的重视。"不执义"与"不尽义"展现了对"变易"之道的理解。在《易纬乾凿度》一书的前言中，有对"变易"之道的阐释："变易也者其气也，天地不变不能通气"[2]，在这里，"气"不仅是一个形而上的概念，它更是天地间一

---

[1] 马一浮. 复性书院讲录 [M]. 南京：江苏教育出版社，2005：285.
[2] 易纬乾凿度 [M]. 郑玄，注. 北京：中华书局，1985：2.

切变化广泛象征的载体。世间万物，无论是自然界还是人类社会，都处于不断的变动之中，这一点已成为人类的普遍认知，"变易"之道推崇从确定意义转变为释放意义。

意义的释放深植于汉字文化的深厚传统之中。尽管现代汉语更倾向于确定和表征意义，学术界已经开始重新探索汉语在释放意义方面的特质，尤其是汉字的字形及其书写所蕴含的丰富内涵。石虎在《论字思维》中提出，汉字是一种"诗意"的文字，他高度赞扬汉字的诗学价值，认为："汉字的世界，包容万象，它是一个大于认知的世界，是人类直觉思维图式成果无比博大的法典，其玄深的智慧、灵动的能机、卓绝的理念，具有开启人类永远的意义。汉字不仅是中国文化的基石，亦为汉诗诗意本源，属于拓建人类未来所需之智慧宝库。"[1] 徐通锵在《汉语字本位语法导论》中特别区分了中文中的"名"与"字"。他指出："'名'这一概念的性质和特点偏重于听觉，而'字'与之相反，结构上重'形'，认知途径上重视觉，与汉语社团重视觉的基础性认知途径相适应。"[2] 这种区分旨在凸显汉语"字本位"的特点，更有助于释放汉字本身的深层意义。无论是石虎所提及的"诗意"文字，还是徐通锵强调的"字本位"，这些特性都真实地反映了汉字在释放意义方面的特质，它们承载着中国传统文化中"变易"之道的精髓。

意义的释放并非仅为汉字所独有，它同样在字母语言中受到了越来越多的关注。西方符号学学者开始重视字形与书写的深层含义，杜超认为："拉康早期受索绪尔的影响，侧重言说的能指，而在后期则将重点放置在了书写上，对'文字'给予了极大关注。"[3] 张宁翻译了雅克·德里达（Jacques Derrida）的著作《书写与差异》，并在的导言中提醒关注德里达所强调的"书写"所释放的意义，甚至包括"书写"的"印迹"和"间距"，他说："与流行的符号学方法不同，德里达用印迹代替符征，用间距

---

[1] 石虎. 论字思维[J]. 诗探索，1996（2）：8-10.
[2] 徐通锵. 汉语字本位语法导论[M]. 山东：山东教育出版社，2008：105.
[3] 杜超. 拉康精神分析学的能指问题[M]. 北京：中国书籍出版社，2020：195.

第八章 "易之三义"：语言遮蔽性问题的探索

代替符征之间的差异。"① 这表明，释放意义有着更广阔的语言符号活动空间。这表明，意义的释放存在于更为广阔的语言符号活动空间，意义在其中得以释放，超越了简单确定的文字系统。

释放意义的价值在语言本体论的理论中尤为凸显。海德格尔将"诗意语言"与"日常语言"进行了深刻的区分，他认为："纯粹所说乃是诗歌。"② 作为语言本体论的倡导者，海德格尔通过诗歌的探索，揭示了诗歌语言中存在一种"语言说话"③，帮助我们放下抽象的概念，将"在场"与"不在场"融合成一个无限的存在整体，这种融合显然有助于各种意义的释放。同为语言本体论的倡导者伽达默尔也表达了类似的观点："虽然我们说我们'进行'一场谈话，但实际上越是一场真正的谈话，它就越不是按谈话者的任何一方的意愿而进行。因此，真正的谈话决不可能是那种我们意想进行的谈话。一般说来，也许这样说更正确些，即我们陷入了一场谈话，甚至可以说，我们被卷入了一场谈话。"④ 语言不仅仅是思想的表达工具，从语言本体论的角度来看，语言本身就是思想，它应居于中心地位，甚至塑造了我们的存在方式。只有超越语言作为单一工具的视角，我们才能从确定意义转变为释放意义。

释放意义的探索引发了关于认知原点的反思。瑞士语言哲学与文化哲学学者爱尔马·霍伦施泰因（Elmar Holenstein）致力于将自我意识"去中心化"。他认为人类有个错误的认知，即"主观空间有一个属于各个主体的定向零点（der nullpunkt der orientierung）。事实上，知觉空间不是本我中心的，而是多中心的"⑤。霍伦施泰因睿智区分了"知觉的出发点"与"知觉的中心"，他说："通常一些以'我'（Ich）为基点的定向零点的谬误

---

① 德里达. 书写与差异 [M]. 张宁，译. 北京：中国人民大学出版社，2022：16.
② 海德格尔. 在通向语言的途中 [M]. 孙周兴，译. 北京：商务印书馆，2004：7.
③ 海德格尔. 在通向语言的途中 [M]. 孙周兴，译. 北京：商务印书馆，2004：2.
④ 伽达默尔. 真理与方法 [M]. 洪汉鼎，译. 北京：商务印书馆，2010：539.
⑤ 霍伦施泰因. 人的自我理解：自我意识、主体间责任、跨文化谅解 [M]. 徐献军，译. 北京：商务印书馆，2019：14.

是：鲁莽地将知觉的出发点与知觉的中心相等同。"[①] 尽管自我意识为人类打开了视野，但也在人与自然之间设置了一道屏障。人类通过自我意识的发展开辟了认知与语言的新领域，但同时也可能因此陷入自我设限的困境，以及由此产生的语言遮蔽性。因此，为了消解自我意识在认识世界过程中的遮蔽，同样需要寻求意义的充分释放。

精神文化符号学由南京师范大学张杰教授首先提出[②]，精神文化符号学重视释放意义，因为精神文化符号学认为，如果语言符号局限于表征意义，那么语言容易受到个体时空观的束缚与遮蔽，"因此从精神文化符号学来看，研究符号活动的任务并非在于确定符号表征的意义，而是'释放'意义，发掘意义的无限可阐释空间，还原意义生成的自然性，即自由"[③]，这与"易之三义"的"变易"之道启示的方向相同，即从确定意义转变为释放意义。

总之，在追寻语言遮蔽性的问题时，我们意识到对意义确定性的执着是其中的一大因素。人类作为意义的创造者和探索者，应当迈向一个崭新的时代，一个意义得以自由释放的纪元。正如"变易"之道所启示，这不仅是知识的追求之旅，更是对智慧的深层理解与深入实践。

三、"不易"与"放下"意义

语言遮蔽性的深层根源，在于人类对主客体二元对立的固守，这一分离状态已成为当下的人们深刻反思的焦点。回顾往昔，我们的祖先与自然世界的关系是一种未经割裂、和谐共融的"相通"。然而，随着文明的光芒普照大地，这种原始的统一性逐渐被一种更为分化的"相识"模式所取代。语言作为人类探索世界、塑造文化、构建社会的工具，在某种程度

---

① 霍伦施泰因. 人的自我理解：自我意识、主体间责任、跨文化谅解 [M]. 徐献军，译. 北京：商务印书馆，2019：14.
② 张杰，余红兵. 反思与建构：关于精神文化符号学的几点设想 [J]. 符号与传媒，2020，22（秋季号）：2-13.
③ 张杰，余红兵."用心若镜"与意义释放 [J]. 江海学刊，2022（3）：242.

第八章 "易之三义"：语言遮蔽性问题的探索

上，也成为反将我们与世界的直接"相通"状态抽离的媒介。

在文明的璀璨成就之下，现代人已经清醒地意识到，仅仅与世界"相识"的关系有其固有的局限，甚至可能孕育出危险。因此，我们面临着一个至关重要的问题：在文明高度发展的今天，如何能够重新拥抱自然，找回与世界的"相通"，乃至实现"相识"与"相通"的和谐共存，从而超越语言的遮蔽问题，开拓一种全新的认知模式？这是一场深远而充满挑战的探索之旅。追寻这样的探索，相较于仅仅局限于语言遮蔽问题，更可能帮助我们获得解决语言遮蔽问题的方式，引领我们走向一个更加丰富和完整的认知世界。

"易之三义"中的"不易"之道，深植于对人与世界和谐"相通"状态的探寻。在现代哲学的语境中，"不易"往往被解读为"基本原理的恒定性"或"原理上的恒常"，此种诠释带有"逻各斯中心主义"的色彩。然而，马一浮对"不易"的阐释独辟蹊径，他提出了一种特殊的人类符号活动状态。在《观象卮言二》中，马一浮如此描述："汝真心能照诸缘，不从缘有，灵光独耀，迥脱根尘，缘起不生，缘离不灭，诸无常法于中显现，犹如明镜，物来即照，物去仍存，是名不易。"[1] 这位近代著名的儒家学者，其对于"不易"的阐释，巧妙地融合了佛家和道家的思想精髓。他所揭示的"不易"之道的境界，是人类在"放下"人为的意义时所展现的特殊符号活动，这种活动中的感知"犹如明镜"，属于一种对外界事物进行"镜像"观照的人类符号活动状态。

人类符号活动的"镜像"状态，并非马一浮首创，而是源自古老智慧的长河。"放下"人为的意义，并不意味着对事物感知的消逝。老子曾赞此状态为"涤除玄鉴"[2]，其中"玄鉴"亦是对"镜像"符号活动的隐喻。庄子则更为直接地描绘了这一状态，他说："至人之用心若镜"[3]，意味着"至人"的感知状态宛如"明镜"，能够映照万物而不沾染杂念。这是一种

---

[1] 马一浮. 复性书院讲录 [M]. 南京：江苏教育出版社，2005：295.
[2] 老子道德经注 [M]. 王弼，注. 楼宇烈，校释. 北京：中华书局，2011：25.
[3] 陈鼓应. 庄子今注今译 [M]. 北京：中华书局，2020：234.

独特的符号状态，以"象"语言为其表现形式。在这种语境系统中，传统的思维与推理退居幕后，而对天地万物的观照却变得异常清晰。也就是说，"放下"人为意义后，蕴含着"镜像"的感知。

当我们"放下"那些人为的意义，这是一种个体与世界"相通"的境界，而非个体孤立的存在。这正是中国传统文化所推崇的"天人合一"。实际上，更精确的表达应该是"天人归一"，因为天地人本原的状态应该是统一的，而人类对"相识"模式的固守，无意间筑起了与世界的隔阂。南宋学者陆九渊以"限隔"二字描绘了这一现象，他的感慨至今仍回响不绝："宇宙不曾限隔人，人自限隔宇宙。"① 为了突破这层"限隔"所形成的遮蔽，人们应当回归与天地合一，也就是，人们应当常常重返与宇宙"相通"的和谐境界。事实上，"不易"之道便蕴含着人类对与万物"相通"的深切渴望。《易纬乾凿度》说："不易也者，其位也"②，人类在天地间的"位"应该是"天人归一"。

"不易"之道启示我们，人类除了与世界建立"相识"的关系，还需要深入探索与世界的"相通"模式。在"相识"的旅途中，人类重视意义的构建，而在"相通"的征途上，却需要领悟"放下"意义后的感知。庄子提出的"道通为一"的哲学思想，深邃地诠释了中国传统文化中对"通"的理解。庄子坚信"天地与我并生，而万物与我为一"③，他所尊崇的"通"，是指人与天地万物之间深刻的"相通"关系。庄子对这种"通"的境界推崇备至，他说"唯达者知通为一"④"通也者，得也"⑤，实际上，不仅是道家学者，儒家学者亦同样推崇"通"的境界，北宋学者程颢、程颐说"天地人只一道也，才通其一，则余皆通"⑥，这样的理念为人类解决语言的遮蔽性问题，开辟了新的思考和探索的境界。

---

① 陆九渊. 陆九渊集 [M]. 钟哲，点校. 北京：中华书局，1980：483.
② 易纬乾凿度 [M]. 郑玄，注. 北京：中华书局，1985：2.
③ 庄子注疏 [M]. 郭象，注. 成玄英，疏. 北京：中华书局，2011：44.
④ 庄子注疏 [M]. 郭象，注. 成玄英，疏. 北京：中华书局，2011：39.
⑤ 同上.
⑥ 程颢，程颐. 二程遗书 [M]. 潘富恩，导读. 上海：上海古籍出版社，2020：227.

第八章 "易之三义"：语言遮蔽性问题的探索

历经理性文明的洗礼，当我们再次与世界达成"相通"的境界时，并非摒弃了与其"相识"的联系，而是自然而然地进入了一种双重状态的共融：一是"有"的领域，二是"无"的境界。先哲们对这两种状态有着深刻的阐释，老子将其描述为"为学日益""为道日损"①；晋代郭象在注解《庄子》时，提到了"求之于言意之表""入乎无言无意之域"② 这两种不同的看待世界的方式。这些思想都旨在打破我们对于单一认知模式的执着，以及由此产生的认知遮蔽。

从西方哲学的视角来看，中国传统文化中的这两种存在状态，分别代表着"主客体分离"和"主客体合一"。一种是"相识"，即人类对世界进行认知与理解；另一种是"相通"，即人类与世界的深层次联结和融合。随着现代文明的飞速发展，人类似乎逐渐失去了与世界的"相通"联系，而过分强调了与世界的"相识"关系。因此，我们这个时代需要人类回顾过去，重新培养那些能够促进与世界"相通"的符号活动。人类应当在"相通"与"相识"之间寻找平衡，以减轻语言的遮蔽性问题，更加真实地反映世界的多样性和丰富性。

简而言之，"不易"之道启示我们，人类不应满足于与世界的表面"相识"，而应追求与世界的深层"相通"。在掌握了意义的确立、表达和传递之后，我们应回归到一种超越意义的境界。然而，在文明社会中，"放下"的意义并不意味着回归到原始的混沌状态，相反，它是一种更高层次的境界，一种万物"道通为一"的境界。因此，相较于纠缠于语言的遮蔽问题，我们更应将关注点转向对"相通"的探索，以此促进"相识"向更高层次的升华，实现人类与世界的更加和谐共处。

四、"三易合一"与语言的遮蔽性问题

"简易""变易""不易"三者相融，构成了"三易合一"的哲学体系，

---

① 老子道德经注 [M]. 王弼, 注. 楼宇烈, 校释. 北京：中华书局，2011：132.
② 庄子注疏 [M]. 郭象, 注. 成玄英, 疏. 北京：中华书局，2011：311.

它如同智慧之门的钥匙，引领我们穿越语言的迷雾，深入探寻真理的深邃领域。《易纬乾凿度》中云："管三成为道德苞龠"①，此"管三"即是"三易合一"的代称。"德"根据郑玄的注释，意指"得"。近代学者熊十力进一步解释道，"德者，得也。言其所以得为万有之本体者也"②。"苞龠"，郑玄注为"包道之要龠"。在古代，"苞龠"是装载物品的容器，在此则象征着"三易合一"是蕴含"道"的宝藏。"三易合一"代表着中国传统哲理的一种倾向，即把目标聚焦于传播"道"，而非沉溺于语言的遮蔽问题之中。

在中国传统文化中，语言在传递"道"的深邃内涵时，不可避免地遭遇了语言的遮蔽性。道家哲人庄子曾言："道不可言，言而非也。"③ 儒家学者子贡，孔子的杰出弟子，亦曾感慨："夫子之言性与天道，不可得而闻也矣。"④ 明代大儒王阳明亦持有相似的观点，他说："道不可言也，强为之言而益晦。"⑤ 这些先哲的言论表明，在中国传统文化中，不论是道家的"道"，还是儒家的"道"，都面临着语言的表征难题。然而，先哲们的目标并非仅仅是为了提出语言的遮蔽性问题，而是追求超越语言，探寻并获得"道"的真正内涵。

尽管语言在传递"道"时不可避免地带有遮蔽性，但这并未妨碍"道"在中国文明中流传数千年，反而使其成为中华传统文化的核心智慧。金岳霖在《论道》中曾言："中国思想中最崇高的概念似乎是道。所谓行道、修道、得道，都是以道为最终的目标。思想与情感两方面的最基本的原动力似乎也是道。"⑥ 这是因为"三易合一"的智慧早已深深植根于中国人的集体无意识之中，在"道"的传承过程中，"体知"的实修方式尤为引人注目，如道家的性命双修、儒家的工夫论等。这些在现代学科分类中

---

① 易纬乾凿度 [M]．郑玄，注．北京：中华书局，1985：1.
② 熊十力．熊十力选集 [M]．陈来，编．长春：吉林人民出版社，2005：256.
③ 庄子注疏 [M]．郭象，注．成玄英，疏．北京：中华书局，2011：403.
④ 黄侃．论语义疏 [M]．高尚榘，校点．北京：中华书局，2013：110.
⑤ 王守仁．王阳明全集 [M]．吴光，等编校．上海：上海古籍出版社，2012：221.
⑥ 金岳霖．论道 [M]．北京：商务印书馆，2015：18.

第八章 "易之三义"：语言遮蔽性问题的探索

常被归于养生之术，实则这些实修"体知"模式在解决语言对"道"的遮蔽性方面发挥着至关重要的作用。

"体知"对传承"道"有着非常重要的作用。语言的遮蔽性源自于其符号与所指意义之间的不完全匹配。例如，"幸福感"这个词汇在不同人的心中唤起的意象各不相同，其内涵与外延因个体差异而千变万化，从而产生了语言的遮蔽性。然而，由于大多数人都有过对"幸福感"的直接体验，这种体验在交流中减轻了语言的遮蔽性，使得沟通相对清晰。相较之下，"道"的体验则更为罕见，那些真正体验过"道"的人在交流时往往能够心有灵犀，因此语言的遮蔽性在此并不显著。传统文化中的修炼实践旨在帮助人们"体知"到"道"，从而超越语言的限制，直接触及深邃之处。通过这些实修，人们能够更深刻地领悟"道"的内涵，减少语言的遮蔽性，使得交流更加和谐流畅。

"道"的英语翻译名称已经有了近一百五十种，细致到通过英文的大小写来甄别"道"的寓意，"道"可以翻译成"the flow of the universe"或者"the Flow of the universe""nature"或者"Nature""existence"或者"Existence"等，以大写开头的英文翻译给"道"增添了宗教色彩，而小写开头的英文翻译使"道"产生了回归自然的隐喻。还有些关于"道"的翻译甚至探寻了"道"的词性，把"道"翻译成动名词形式的"way-making"，尽管如此努力表征，但对于运用英语的人群还是难以理解"道"，甚至翻译表征方式越多，对"道"的认知越模糊。这就是因为在寻求一一对应的能指所指上花费了过多的精力，如果将"体知"模式也纳入其中，将有助于"道"在西方文明中的传播。

"三易合一"不仅有助于传播"道"的深邃内涵，而且启发我们传播那些人类难以用言语描述的智慧。人类心智中存在着"可言说"与"不可言说"的两个领域。迈克尔·波兰尼（Michael Polanyi）称为"不可表达的（ineffable）领域"[①]，也就是："我知道这些东西，尽管我无法清楚地说

[①] 波兰尼. 个人知识：迈向后批判哲学 [M]. 许泽民, 译. 贵阳: 贵州人民出版社, 2000: 131.

出或几乎无法说出我知道的是什么。"① 对于"不可说"的东西,语言的遮蔽问题显得尤为突出。所以,维特根斯坦(Ludwig Josef Johann Wittgenstein)建议:"对于不可说的东西我们必须保持沉默。"② 但人类对于"不可说"的东西往往不得不运用语言进行表征,罗素(Bertrand Arthur William Russell)在维特根斯坦的著作《逻辑哲学论》的序言中说:"归根到底维特根斯坦先生还是在设法说出一大堆不能说的东西。"③ 显然,罗素不认同局限于语言范畴解决"不可言说"问题。因此,解决语言的遮蔽问题,并非仅仅是一个语言学范畴的挑战,对于这些难以用言语表达的内容,我们可以尝试采用"三易合一"的模式,以期突破语言的束缚,洞察事物的本质。

在《中西印哲学导论》一书中,张祥龙教授对"三易合一"在哲学领域的作用给予了高度评价。他认为,"'易'就是在感受变易时凭借简易的方式来达到动态的不易。"④ 换句话说,"'易'就是以最简易的方式进入变易,以便直觉领会变易本身的不变样式。"⑤ 张祥龙教授以其独到的见解,巧妙地运用中国传统文化中的"三易合一",将中印西哲学融会贯通,显示了"三易合一"思想在现代学术研究中的价值。本章立足于语言符号领域,希望通过"简易"之道所引发的"体知","变易"之道启示的"释放意义",以及"不易"之道引出的对人与世界"相通"状态的关注,放下语言遮蔽问题本身,即通过放下语言遮蔽问题去解决语言的遮蔽性。

---

① 波兰尼. 个人知识:迈向后批判哲学 [M]. 许泽民,译. 贵阳:贵州人民出版社,2000:131.
② 维特根斯坦. 逻辑哲学论 [M]. 贺绍甲,译. 北京:商务印书馆,1996:108.
③ 维特根斯坦. 逻辑哲学论 [M]. 贺绍甲,译. 北京:商务印书馆,1996:18.
④ 张祥龙. 中西印哲学导论 [M]. 北京:北京大学出版社,2022:97.
⑤ 同上.

第九章
"转识成智":返回存在的符号活动
——洛特曼"符号域"概念的反思

导 言:符号学研究的主要任务就是要通过符号的运用,来表征对象的意义,甚至是存在的意义。然而,符号表征的"遮蔽"现象又是难以避免的。如何走出这一困境,让符号意义回归存在本体,实现"去蔽"呢?本章对洛特曼的"符号域"概念进行了反思,并从海德格尔的"存在"与"存在者"相关论述出发,认为"符号域"的意义生成,不仅要超越"存在者"范围,而且还要探索自我符号实体,这样才能避免"存在"的"遮蔽"。以往学界对"符号域"的阐释,其实局限于一种"我执"与"法执"的文化领域,目的在于确定符号意义。如果从而中国传统文化中的"转识成智"出发,则可以超越这一领域,实现意义的释放。这两者的相辅相成才能够更完整地展现符号的意义。这也是精神文化符号学所追求的学术目标。

长期以来,符号学研究的主要任务就是要通过符号的运用,来表征对象的意义,甚至是存在的意义。正如符号学家赵毅衡先生所说:"任何意义都必须通过符号才能表达、才能解释……符号学就是意义学。"[1] 显然,任何符号意义的确定又往往离不开表征主体、文化或自然语境的限制,即符号行为的发生者和作为符号存在和运作空间的"符号域"(semiosphere)。因此,塔尔图符号学派的领军人物洛特曼(Juri M. Lotman)的"符号域"概念就引起了符号学界的普遍关注,其相关理论也就成为理解洛特曼文化

---

[1] 赵毅衡. 符号学与人的生存意义[J]. 华南师范大学学报(社会科学版),2016 (2):30.

符号学的关键。

然而，在人类理性的文化范围内，"符号域"真的能够确定所需表征对象的内涵，甚至存在的意义吗？果真如此，符号表征的"遮蔽"现象又怎么会出现呢？或许正是由于"符号域"自身的文化约束，或许是人类认知的有限，任何符号意义的表征都无法避免"遮蔽"的状况，也不可能企及存在的意义。那么，在文化语境中，"符号域"可以确定的究竟为何物？符号的表征如何才能揭示存在的意义？学界应该如何走出符号表征的"遮蔽"困境？符号学研究的任务难道可以统一为意义的确定吗？还是应该分层次区别对待？或许"释放意义"才是符号表征存在意义的根本。

精神文化符号学以揭示符号表征行为的精神联系、瓦解现存知识体系的局限、让符号意义回归存在本体为己任，为重新认识"符号域"概念，乃至洛特曼文化符号学，提供了值得思考的学术路径。本章将以此为研究方法，基于佛学用语"转识成智"及中国先秦时代类似的哲理，对"符号域"概念及其相关理论进行反思，努力探索一条返回存在的符号意义表征途径。

一、返回存在："符号域"与"存在者"的超越

符号表征"遮蔽"现象产生的根源何在？是否表征的对象及其背后的意义之间存在着很大的差异？或许在理性范围内，"符号域"决定的并非深层的存在意义，而仅仅是事物的表层含义？要弄清楚这些问题，就离不开对"符号域"概念本身的重新认识，揭示"符号域"在不同层次上对表层存在物和深层存在的意义企及。

洛特曼提出的符号域概念是受到苏联地球化学家维尔纳茨基所提出的生物域概念的影响。他明确指出："在现实运行中，清晰的、功能单一的系统不可能孤立地存在。它们只有进入到某种符号的联系体中才能起作用。这个符号的连续体中充满各种类型的、处于不同组织水平上的符号构成物。这样的连续体，我们按类似于维尔纳茨基的'生物域'概念，称之

第九章 "转识成智"：返回存在的符号活动

为'符号域'。"① 在"生物域"中，每一种生物都是独立而并非孤立的。据此，在洛特曼的"符号域"中，任何符号都与其他符号共存。"符号域"中符号的整体结构功能优于单个孤立的符号，这种整体语言符号观很显然有助于表征各种客体的意义。洛特曼把自然科学研究模式应用在"符号域"中，把拓扑学、信息论、控制论、耗散结构理论运用于符号存在和运作的空间，以此寻求更合理的符号表征模式。这种语言符号的动态关系尤其适用于文化领域，通过符号在时空两个方面的推演，形成了文化活动中的各种变量，衍生出了文化的"对话"模式。每个民族的文化符号存在及其活动的空间，便形成了该民族自己的文化"符号域"。如果将洛特曼文化"符号域"的概念拓展到其他学科领域，不同学科的领域也可以说是相应的"符号域"，甚至某个不同的命题就构成了以这个命题为核心的"符号域"，所以"符号域"的概念有利于在理性范围内表征各种客体的意义。

然而，"符号域"在文化语境或各个学科领域的理性范围内，揭示的确实是"存在"的意义吗？其实，它能够规定的仅仅是所表征客体的意义，而并非该客体背后的"存在"之意义。德国哲学家马丁·海德格尔（Martin Heidegger）就对"存在"（Sein）和"存在者"（Seiendes）进行了区分。所谓"存在者"是指一切可以被符号化的内容，而海德格尔所说的"存在"本身是不能够被符号化的。"存在"本身一旦被符号化了，就转化成了"存在者"。因此，在理性范围内"符号域"能够规定的只是"存在者"的意义。海德格尔指出："确实不能把'存在'理解为存在者，令存在者归属于存在并不能使'存在'得到规定。存在既不能用定义方法从更高的概念导出，又不能由较低的概念来表现。"②

美国符号学家皮尔斯（Charles Sanders Peirce）也曾有过类似的表述。他认为，人类生活的世界有两个："事实世界"（world of fact）和"幻想世界"（word of fancy）。"幻想世界"虽然可以无限接近"事实世界"，但永

---

① 赵毅衡. 符号学与人的生存意义［J］. 华南师范大学学报（社会科学版），2016（2）：11–12.
② 海德格尔. 存在与时间［M］. 陈嘉映，译. 北京：生活·读书·新知三联书店，2014：5.

远不是"事实世界"①。显然，如果仅仅从人类理性的文化活动出发，洛特曼的"符号域"所确定的意义是指作为"存在者"的"事实世界"，而并非作为"存在"的"幻想世界"。在这种以文化语境为主导的"符号域"中，符号的意义已经不再是孤立的、自给自足的，而是由文化语境的整体所决定的，这也就表明了结构系统对于符号意义的关键作用。然而，"符号域"的概念还是建立在理性"解释"意义的基础之上。皮尔斯强调："有关何谓心智概念（intellectual concept）的'意义'（meaning）这一问题，我们只有通过对符号解释项（或者说，符号的适合意指效力）的研究才能解决。"② 因此，整个西方符号学都比较侧重理性认知范围内的"存在者"，而不是理性难以阐释的"存在"本身，都比较关注人类的理性符号活动，尤其偏重于语言符号活动，只能通过"解释"而生成意义，学界对洛特曼的"符号域"亦是如此。无论如何，人类的理性认知是无法"充分解释""存在"本身的，所"解释"的只是"存在者"，即"事实"世界。符号表征的"遮蔽"问题也缘于此，也就是把"符号域"形成的"存在者"意义，视为了"存在"的意义。

在中国传统文化中，"存在者"与"存在"的此类术语是不存在的，但早在先秦时代，相关问题也曾引发过一些讨论。比如庄子所谓"坚白之昧"就指出了符号表征的"遮蔽"问题。一个质地"坚"而颜色"白"的石头，其所谓"坚"和"白"均属于"存在者"，而并非石头"存在"本身。庄子说："非所明而明之，故以坚白之昧终。"③ 因为透过"坚白论"不足以明道，只会让人暗昧不明。因此，庄子非常反对公孙龙的"坚白论"，庄子所反对的并不是公孙龙"坚白论"的概念本身，而是反对迷陷于"存在者"层面对"存在"进行的辩论。庄子反对惠子类似于"坚白"

---

① 皮尔斯. 皮尔斯：论符号，李斯卡：皮尔斯符号学导论 [M]. 赵星植, 译. 成都：四川大学出版社，2014：21.
② 皮尔斯. 皮尔斯：论符号，李斯卡：皮尔斯符号学导论 [M]. 赵星植, 译. 成都：四川大学出版社，2014：45.
③ 庄子注疏 [M]. 郭象, 注. 成玄英, 疏. 北京：中华书局，2011：42.

第九章 "转识成智":返回存在的符号活动

的眩惑理论出于同样的原因,庄子对惠子发出"天选子之形,子以坚白鸣!"①这样的告诫。大自然给了人以"存在"的形体,如果不珍惜"存在"本身而束缚于"坚白"这样的"存在者"空间自鸣得意那就太可惜了,庄子这句话不只是对惠子的告诫,更是对整个人类的告诫。

那么,怎样才能实现返回"存在"的符号活动呢?海德格尔说:"存在的不可定义性并不取消存在的意义问题,它倒是要我们正视这个问题。"②"存在"不能用定义来表征,并不代表无法研究,或者说"存在"本身没有意义。海德格尔认为,需要回归到人作为出发点将自我展开。为此海德格尔用了一个特殊的词汇"此在"(Dasein),即人在某一有限时间内的个人存在。诺伯特·威利在《符号自我》一书进一步阐释:"自我是一个符号实体。这并不仅意味着自我运用着各种符号,还意味着自我本身就是一个符号。"③洛特曼所说的"符号域"也被理解为"自我运用着各种符号",在此范围内各种意义生成活动相继展开。"符号自我"作为海德格尔所说的"此在",是在与其他符号的关系中"在"起来的。尽管诺伯特·威利已经意识到要揭示"符号自我"的"存在"意义,但他探讨的主要是自我的"对话"模式,他说:"我的方法是将皮尔斯的'我-你(I-you)'对话和米德的'主我-客我(I-me)'结合起来,形成一种'三边对话'"④,这种"对话"模式依然属于"存在者"范畴而不是"存在"本身,所以诺伯特·威利没有真正实现返回存在的符号活动。

恩斯特·卡西尔(Ernst Cassirer)在《人论》中指明:"我们应当把人定义为符号的动物(animal symbolicum)来取代把人定义为理性的动物"⑤,因为人作为理性的动物,只能够是一个"存在者",而只有作为一个符号的动物才有可能展示"存在"。在学界对洛特曼思想的阐释中,无论是语言或非语言构成的文化"符号域"都是属于理性范畴的,只有摆脱

---

① 庄子注疏[M]. 郭象,注. 成玄英,疏. 北京:中华书局,2011:122.
② 海德格尔. 存在与时间[M]. 陈嘉映,译. 北京:生活·读书·新知三联书店,2014:5.
③ 威利. 符号自我[M]. 文一茗,译. 成都:四川大学出版社,2010:5.
④ 威利. 符号自我[M]. 文一茗,译. 成都:四川大学出版社,2010:7.
⑤ 卡西尔. 人论[M]. 甘阳,译. 上海:上海译文出版社,2004:37.

理性表征的羁绊，消解"符号域"的"遮蔽"，让人类能够体悟到宇宙天地的无字书，放下符号工具论的思维范式，让自己成为符号世界的一部分，使人不再是自然的观察者、征服者而是真正回归自然，才能领悟到"存在"的意义。这也是精神文化符号学所要实现的目标。

其实，中国传统文化中的"转识成智"，就是要让理性的"识"提升为"智"。如果从这一维度，即超越理性的层面，来理解洛特曼的"符号域"，该概念应超越"自我运用着各种符号"的文化语境，返回自然，探寻"自我符号"的"存在"状况，从而克服因把"符号域"局限在理性范围内而产生的"遮蔽"问题，走出个体的"我执"和群体的"法执"羁绊，在揭示"存在者"的同时，探索一条返回"存在"的符号活动路径。

二、"转识成智"："我执"与"法执"的消解

人类文明的进程在很大程度上取决于人对自我实现的追求，即"我执"和对理性知识与法则的探索，即"法执"。然而，这种基于"我执"和"法执"的社会文明，又反过来会限制人的自由，甚至局限人类对"存在"意义的感悟。或许人类仅在理性的思维范式中，已难以探寻理想的出路。

"转识成智"最早是一种佛学的修行方法，目标是走出"我执"与"法执"的羁绊。禅宗所寻求的"不立文字"[①] 也是为了这个目标。其实，洛特曼的"符号域"本身就是源于"生物域"，包含着非理性的因素。这里既有基于"我执"与"法执"的符号意义生成活动，也蕴含着由语言符号活动转向存在探索的提升，即由知识转向智性。

显然，如果仅从观念上破除"我执"与"法执"，还不能够实现"转识成智"，需要经过"实修"践行才能真正达到这种存在状态。破除"我执"与"法执"的根本点是破除"我执"。因为只有破除"我执"，"法执"

---

① 五灯会元［M］. 普济, 辑. 朱俊红, 点校. 海口：海南出版社, 2011：13.

第九章 "转识成智":返回存在的符号活动

的才会自然被破除。一切"法执"都是因"我执"而起。当然,洛特曼并没有就此做出阐释,而中国学者则进行过有益的尝试。

在如何把"转识成智"融进人类的认知模式方面,冯契及其老师金岳霖先生主要从"得"与"达"两个方面,进行了深入的探讨。所谓"得"是指要得到超出语言符号之外的智慧和真知,所谓"达"是指把"得"的表达出来。冯契关注实现从"名言之域"向"超名言之域"的飞跃机制,而金岳霖注重区别知识论和元学。元学是金岳霖个人独特的学术名词,"知识论的裁判者是理智,而元学的裁判者是整个的人。"[①] 在中国传统文化中,消解"我执"与"法执"的论述是相当丰富的,与道家思想联系紧密。当代学者那薇在《道家与海德格尔相互诠释》一书中就指出:"这个人成其人、物成其物聚集的场所被道家称为道,被海德格尔称为存在。"[②]

庄子说:"可以言论者,物之粗也;可以意致者,物之精也;言之所不能论,意之所不能察致者,不期精粗焉。"[③] 庄子将语言符号活动区分为"可以言论者"与"可以意致者"。人的大脑对事物的"解释项"有些是"可以言论者",也就是能够进行"能指"与"所指"相对应的语言交流。这也是"物之粗也"的部分;而有些"解释项"可以在大脑中呈现出来"可以意致者",却难以准确地用语言符号表征,这就是"物之精也"的部分。无论是前者还是后者,都属于"符号域"范畴,但庄子更注重的既不是"可以言论者",也不是"可以意致者",而是"言之所不能论,意之所不能察致者"的超语言符号活动。也就是说,只有消解了所有"可以言论者"与"可以意致者"的"解释项"之后,才能够进入与事物"精粗"无关的感知活动。晋代郭象注解庄子这句话时提出:"求之于言意之表,而入乎无言无意之域。"[④] 前半句属于语言符号活动,后半句寻求的是返回存在的符号活动,即"转识成智"。在道家的思想家中不仅是庄子,老子更早

---

① 冯契. 冯契文集·认识世界和认识自己:第一卷 [M]. 上海:华东师范大学出版社,2015:6-7.
② 那薇. 道家与海德格尔相互诠释 [M]. 北京:商务印书馆,2004:31.
③ 庄子注疏 [M]. 郭象,注. 成玄英,疏. 北京:中华书局,2011:311.
④ 同上。

注重返回存在的符号活动。老子《道德经》首章的"常无欲,以观其妙"①这句话,自古以来学者们的断句方式不同,比如司马光、王安石不同于王弼,认为应该断句为"常无,欲以观其妙",断句模式不一样,对该句的诠释自然不一样。其实,无论哪种断句或诠释,都指向返回存在的符号活动,其目标都是为了走出"我执"与"法执"的羁绊"而入乎无言无意之域"②,终至于"转识成智"。

其实,"转识成智"不仅与道家哲理,而且与儒家思想也有着共通之处,只是儒家的相关论述则更加隐晦。孔子的学生子贡说:"夫子之文章,可得而闻也。夫子之言性与天道,不可得而闻也。"③"文章"属于语言符号活动,所以"可得而闻",而"性与天道"是返回存在的符号活动,因此"不可得而闻"。《论语·卫灵公》中记载了孔子与学生端木赐的一段对话,孔子明确否认自己是"识之者",而自称"一以贯之"者。孔子所说的"一"就是与"性与天道"相关的超语言符号活动,因为只有超越了"识"的束缚,才能够真正将所有"识"贯串起来④。对此,熊十力先生描述得尤为清晰:"《论语》录孔子之言,以默而识之与学而不厌,分作两项说。"⑤他进一步解释:"默而识之"是指"默然之际,记忆、想象、思维、推度等等作用一切不起。"⑥显然,熊十力用"学而不厌"代表语言符号活动,而用"默而识之"代表返回存在的符号活动。只有突破了语言符号表征的"遮蔽"困境,才能出现"记忆、想象、思维、推度等等作用一切不起"的"默而识之"状态。孟子也曾说过:"从其大体者为大人,从其小体者为小人"⑦,其中"从其大体"与"所不虑而知者,其良知也"⑧ 相关,所谓"不虑而知"明显指向返回存在的符号活动。虽然上述言论都不尽相

---

① 老子道德经注 [M]. 王弼,注. 楼宇烈,校释. 北京:中华书局,2011:2.
② 庄子注疏 [M]. 郭象,注. 成玄英,疏. 北京:中华书局,2011:311.
③ 论语 [M]. 陈晓芬,徐儒宗,译注. 北京:中华书局,2015:54.
④ 论语 [M]. 陈晓芬,徐儒宗,译注. 北京:中华书局,2015:184.
⑤ 熊十力. 熊十力选集 [M]. 长春:吉林人民出版社,2005:334.
⑥ 同上.
⑦ 孟子 [M]. 朱熹,集注. 上海:上海古籍出版社,2013:161.
⑧ 孟子 [M]. 朱熹,集注. 上海:上海古籍出版社,2013:186.

第九章 "转识成智"：返回存在的符号活动

同，但在返回存在的符号活动方向上，与"转识成智"所追求的消解"我执"与"法执"的羁绊，具有很大的相通性，都是为了寻求超越理性的层面。

符号学家赵毅衡先生指出："人必须存在于意义之中，追求意义是人之存在的重大特征。"[①] 这里明确了人类进行符号表征活动的根本原因，就是对意义的执着追求。从这个意义上说，人类对意义的执念也就是一种"我执"，而"符号域"确实是人类在"我执"基础上形成的一种"法执"。这种"我执""法执"固然推动了人类文明的发展，但仅此阐释也是不够的。符号也存在于非理性、非语言的活动中，"符号域"亦是如此。人类的符号活动是一个从非理性至理性再到超理性的螺旋发展过程。返回存在的符号活动要求人消解对存在意义的执念。一个人如果消解了"我执""法执"的束缚，其身心将会产生根本性变化，将由"识"的领域转为"智"的空间，即所谓"开悟"或"明心见性"。[②] 因此，消解了对存在意义的执念后，各种存在的意义反而能够得到充分的显现与释放。

反观洛特曼的"符号域"概念，既类似于一张人类的"我执"与"法执"网络，又似乎要摆脱这一网络的羁绊。通过"符号域"，洛特曼一方面要揭示海德格尔所说的"存在者"，另一方面又要探寻存在的意义。或许因为"'存在[是]'是自明的概念"[③]，洛特曼并没有专门论述，但其探索存在的倾向是不言而喻的。"转识成智"则可以较为清晰地理解"符号域"概念尚未阐释的部分，也就是消解"我执"与"法执"的羁绊，放下"自我运用各种符号"，返回"自我本身就是一个符号"的特殊状态，从而实现海德格尔所谓的"自明"状态。如果"自我本身就是一个符号"，那么人的一呼一吸、身体四肢等，都可以当作宇宙天地之间的符号，中国传统文化中的"实修"模式，比如道家的调身、调息、调心，儒家的工夫论等，这些都有了作为符号学研究的学术基础。

[①] 赵毅衡. 符号学与人的生存意义[J]. 华南师范大学学报（社会科学版），2016，(2)：30.
[②] 中国哲学大辞典[M]. 张岱年，编. 上海：上海辞书出版社，2014：260-261.
[③] 海德格尔. 存在与时间[M]. 陈嘉映，译. 北京：生活·读书·新知三联书店，2014：5.

三、释放意义:"存在"与"真知"的回归

从洛特曼提出"符号域"概念的初心来看,主要是为了在"我执"与"法执"的限定中,确定和阐释意义。然而,洛特曼及其追随者的学术思想是不断发展变化的,甚至在他晚年,塔尔图符号学派就发生了回归自然生态符号学的研究转向。洛特曼的前辈乌克斯库尔的自然文本分析方法也成为了该学派摆脱理性,领会"存在"的重要路径。海德格尔在《存在与时间》中,特别用"领会"(auslegung)一词来区分它与解释的差异。"领会"更多运用于意义的"解开而释放"①,海德格尔说"在生存论上,解释植根于领会,而不是领会生自解释。解释并非要对被领会的东西有所认知,而是把领会中所筹划的可能性整理出来"②,海德格尔的所谓"领会"更主要是一种存在方式而不是认知方式,不是为了从某个主题出发而感知与解释事物,"海德格尔的哲学要引导人们去看存在者的存在怎样从自身出发、如其本然地、不被歪曲地显现出来"③。

诺伯特·威利所强调的"自我是一个符号实体",不仅表明符号的意义可以超越"我执"与"法执"的"符号域"局限,而且进一步展示了符号意义的无限性。符号学的主要任务并非只是要阐释符号的意义,而是要返回存在本身,不断领悟符号的意义,从而实现"意义的释放"④。释放的是宇宙本源赋予存在的意义,这种释放出来的意义不受人类主观评价的束缚,这也是洛特曼"符号域"概念的深层意义。因此,"以道观之,物无贵贱"⑤。

现代意义学(significs)中对"意义"的定义已超越了解释意义的范

---

① 海德格尔. 存在与时间 [M]. 陈嘉映,译. 北京:生活·读书·新知三联书店,2014:173.
② 同上.
③ 那薇. 道家与海德格尔相互诠释 [M]. 北京:商务印书馆,2004:17.
④ 张杰,余红兵. "用心若镜"与意义释放——再论精神文化符号学的任务 [J]. 江海学刊,2022(3):241-247.
⑤ 庄子注疏 [M]. 郭象,注. 成玄英,疏. 北京:中华书局,2011:313.

第九章 "转识成智":返回存在的符号活动

畴,"意义学和所谓'解释符号学'(interpretation semiotics)相关,却并不把自身局限在认知研究领域;意义学的领域要更为宽广,因为它朝着与价值论的融合敞开,集中关注符号与价值之间的关系"①,据此,存在的某些"价值"是无法"解释"的"意义"。符号表征解释意义的模式被突破后,释放意义的模式便自然呈现出来。在该模式中,洛特曼的"符号域"概念的深层意义被其后人不断张扬出来。因此,现代意义学的发展也在寻求突破。"在意义学的意义上,超验(transcendence)和所做的工作是为了'去总体性'(detotalization)而联系在一起的,也就是说,是为了超越(transcend)任何一种实用——认知系统的限制,而人们通常认为该系统是植根身份逻辑中的一种不可或缺的整体性"②,这里所说的"认知系统"很大程度上是指符号意义的理性探索,也正是它阻碍了意义释放,造成了"遮蔽"。古今中外很多思想家对此进行了思考。荀子列举了各种"蔽",并提倡"解蔽":"数为蔽,欲为蔽,恶为蔽,始为蔽,终为蔽,远为蔽,近为蔽,博为蔽,浅为蔽,古为蔽,今为蔽。凡万物异则莫不相为蔽,此心术之公患也。"③"解蔽"的方法就是要心做到"虚壹而静"④,这也就类似于海德格尔的"澄明之境"。海德格尔提出"去蔽",也是为了让被遮蔽的事物显现,实现意义的释放。

"去蔽"的目的是为了显示出"真知",而"真知"又是什么呢?这是千古以来人类孜孜以求的问题。庄子说"且有真人而后有真知"⑤,庄子明确了"真人"与"真知"的先后顺序,也就是说要获得"真知",必须处于"真人"的状态。这是"转识成智"的前提,与消解"我执"与"法执"的"符号域"是类似的。在西方学界,海德格尔与庄子在某些思想上是一致的。海德格尔强调,领悟"真知"的首要条件就是人必须处于一种特殊的

---

① 佩特丽莉. 符号疆界:从总体符号学到伦理符号学[M]. 周劲松,译. 成都:四川大学出版社,2014:157.
② 佩特丽莉. 符号疆界:从总体符号学到伦理符号学[M]. 周劲松,译. 成都:四川大学出版社,2014:156.
③ 荀子[M]. 杨倞,注. 耿芸,标校. 上海:上海古籍出版社,2014:254.
④ 荀子[M]. 杨倞,注. 耿芸,标校. 上海:上海古籍出版社,2014:256.
⑤ 庄子注疏[M]. 郭象,注. 成玄英,疏. 北京:中华书局,2011:126.

"此在"状态。因为只有当人自身可以体会到真实"存在"时,万物的"存在"才会显现,即"作为领会的此在向着可能性筹划它的存在"①。从返回存在的符号活动来看,"真知"不属于"存在者"领域的可以言说的知识,而是"存在"空间的难以言说的"智"。"符号自我"回归为宇宙天地间"存在"的生命符号,"真知"将由此显现与释放。

可惜的是,近现代不少西方符号学家则并未有所论及。在皮尔斯的符号三分法中,只有"解释项"并没有"解释者"。拉康虽把"能指"提升到了优先的位置,认为意义由"能指链"的运作而产生,但"能指链"背后的"能指者"也未涉及。皮尔斯和拉康均是起步于自然科学研究,前者涉足于数理逻辑,后者曾在巴黎大学医学院学习七年。他们的研究更侧重于知识的表征,而并非"真知"的发掘。

随着人工智能机器学习的迅速发展,人类已经不满足于可以感受和表征的"明知识",更要发掘那些既难以感受也无法表达的"暗知识"。② 这种难以用科学阐释的"暗知识"已经成为人类所必须征服的领域。这种"暗知识"虽不同于庄子所谓的"真知",但都指向了智识世界里不可言说的部分,是一种消解"我执"与"法执"之后,超越"符号域"的产物。

当代哲学家张岱年曾指出:"真理是真实的道理或真确的原则之意,乃指知识的内容而言;真知是真确的知识之意,乃就知识本身而言。"③ "真理"可以借助语言符号通过逻辑、推理等方式解释清楚,而"真知"不一定都可以言说。在这一点上,"暗知识"更接近于"真知"。也唯有如此,意义才不是被解释的,而是被释放的,知识的范畴也融入了不可言说的"真知",这就构成了返回存在符号活动的基础空间。这样,"符号学就是意义学"的总原则没有变化,不过这里的"意义"已经蕴藏在"释放"的模式之中。

洛特曼的"符号域"已经成为研究符号及其发展空间的核心概念之

---

① 海德格尔. 存在与时间 [M]. 陈嘉映,译. 北京:生活·读书·新知三联书店,2014:174.
② 王维嘉. 暗知识:机器认知如何颠覆商业和社会 [M]. 北京:中信出版社,2019:30.
③ 张岱年. 中国哲学大纲 [M]. 南京:江苏教育出版社,2005:468.

第九章 "转识成智":返回存在的符号活动

一。然而,它的提出不仅需要从概念的语言表征来理解,更要发掘洛特曼及其追随者的深层思考及其学术思想的演变的意义。符号学的发展推动着"符号域"概念的深化,从"存在者"扩展到"存在"的空间。"自我运用着各种符号"与"自我本身就是一个符号"既要相互区分又要融为一体,这样才能实现意义阐释与释放的融合。离开了"符号域"探寻存在的意义,就容易走向虚无缥缈的不可知论,而局限于文化语境中的"符号域"就脱离了存在本身,终将缘木求鱼。对洛特曼"符号域"概念的反思是为了发掘"符号域"的深层意义。走出"我执""法执"羁绊,并不是让人类失去主体性,相反只有主体性的增强才能真正拥有破除"我执""法执"的强大能动性,以及拥有通过"实修"践行破除"我执""法执"的坚强意志力。

精神文化符号学立足于中国传统文化,致力于探索更合理的符号学认知和表征模式,努力避免符号表征的"遮蔽"状况,揭示存在本身的意义,以期达到郭象所谓"求之于言意之表,而入乎无言无意之域"的理想境界,以适应人工智能时代的高速度发展。这也是精神文化符号学研究者的信念和使命。

附录

附录一
反思与建构：关于精神文化符号学的几点设想[①]
张 杰 余红兵

摘 要 如何正确处理符号学研究的科学性与人文性之间的关系，一直是学界关心的焦点问题之一。本文提出要构建精神文化符号学的设想，就是努力以"天人合一"的中国传统认知模式为基础，从"多元化"的研究方法、"个性化"的符号特征、"自由化"的学术理想等维度，更加推崇人的自由，追求人与自然、个性与社会的"和谐"，把符号学研究视为是揭示人的精神文化活动复杂联系的重要手段，以期为符号学探索一条既"多元"又"统一"的研究路径，从而实现老庄学说的"有无相生""无为而无不为"的最高美学境界。

随着当今社会科学技术的迅猛发展，精神的危机和情感的缺失越来越困扰着人类。科学研究是要排除主观或曰精神的因素，在没有外力作用的情况下，把复杂的问题简单化，以便探寻研究对象存在的客观规律，尤其是自然科学研究。长期以来，以西方为主导的符号学研究也是如此，因为符号学的研究渊源于语言学和逻辑学，而这两门学科都更接近于自然科学。无论是索绪尔的语言符号学、皮尔斯的逻辑符号学、莫里斯的行为主义符号学、巴赫金的社会符号学、罗兰·巴特的符号学美学，还是洛特曼的文化符号学以及乌克斯库尔和西比奥克的生物符号学等，几乎无一例外都在沿着科学化研究的轨迹前进，都试图通过科学归纳的原理和方法，对符号及其意义加以定义或解构，为人类认识世界打开了一扇符号学的

[①] 张杰，余红兵. 反思与建构：关于精神文化符号学的几点设想[J]. 符号与传媒，2020，22（秋季号）：2-13.

附录一 反思与建构：关于精神文化符号学的几点设想

窗口。

然而，人类的符号活动又迥异于纯粹的自然科学研究，它首先是一种社会文化活动，是无法与人的主体性或曰人的精神活动相分离的。在西方符号学界看来，符号学是一门研究意义的学科，以符号关系作为自己的研究对象，主要包括三种关系，即符号与其对象的关系，符号与人的关系，符号之间的关系。其实，这三种关系之间的联系都是通过人的精神活动纽带加以实现的，割断了这种精神联系，就无法考察它们的内在联系。精神联系是极其纷繁复杂而又千变万化的，是无法脱离社会文化环境，仅用科学归纳和演绎的方式来加以概括的。

人作为一种高级动物，最初创造符号就不仅仅是指称事物和表达意义，而是伴随着情感或曰精神因素的。实际上，人类创造符号的过程就是一个精神文化创造的过程，人可以将自己的思想和观念转化为符号，又可以再通过符号的阐释还原思想和观念，而动物则根本不可能做到。人类社会从来就离不开符号活动，人类的文明史就是一个符号化过程由低级不断向高级的演变。据此，卡西尔在《人论》中，把人称之为"符号的动物"[1]，其原因就是人能够利用符号创造精神文化，而这是其他动物所难以做到的。对于其他动物来说，只能够条件反射地利用大自然界现成的信息或记号，而不会有意识地创造符号。

符号的生产是对象的客体性与人的主体性相互作用的、主客体间性产物。人类社会文明的符号化是一个精神生产的过程，是人的主体性的对象化，不能够排斥研究的主体性，即精神因素。回眸西方符号学研究发展的百年历程，如果仅仅沿着西方学界崇尚理性分析和科学研究的符号学研究轨迹前行，显然是非常不够的，必须要创建主客体交融，以人类社会精神文化活动为主要研究对象的符号学理论及其研究方法。精神文化符号学正是在这一背景下，以中国传统文化为基础，经过反复酝酿而产生的。

道家的《道德经》曰："人法地，地法天，天法道，道法自然"[2]，阐

---

[1] 卡西尔. 人论[M]. 甘阳, 译. 上海：上海译文出版社，2004：37.
[2] 老子道德经注[M]. 王弼, 注. 楼宇烈, 校释. 北京：中华书局，2008：64.

释的就是中国传统认知模式的"天人合一"思想。《周易·文言》说:"夫大人者,与天地合其德,与日月合其明,与四时合其序,与鬼神合其吉凶,先天而天弗违,后天而奉天时。"① 也是对"天人合一"境界的具体描述。精神文化符号学正是要以这种"天人合一"的认知方式为基础,更加推崇人的自由,追求人与自然、个性与社会的"和谐",把符号学研究视为是揭示人的精神文化活动复杂联系的重要手段,以期为符号学探索一条既"多元"又"统一"的研究路径。

一、研究的反思:精神文化符号学的提出

符号活动几乎涉及人类社会的方方面面,人类自从诞生以来,就从未停止过符号活动,但是符号学作为一个专门的学科,还是到了20世纪才形成的,也是以西方学界的研究为主体的。赵元任是最早开启符号学系统研究的中国学者,他在《符号学大纲》中,提出了建立普通符号学主张,构建了普通符号学学科体系,此后应用符号学理论考察了汉语语言系统。他的论文《谈谈汉语这个符号学系统》,进一步深化了对汉语符号学系统的研究。他的《语言和符号系统》一书将符号学思想向信号通信等领域延伸,揭示了语言符号与其他符号之间的关系。

然而,赵元任先生虽然曾经在清华大学任教,但长期以来一直接受着西方的教育,在哈佛大学获得了哲学博士学位,曾于1947~1962年在美国加州大学任教,甚至早在1945年就当选了美国语言学学会主席。因此,赵先生的符号学研究是沿着西方学界的科学化路径展开的,是以科学研究的思维和方法,对语言符号体系,特别是汉语符号体系的特征等,进行了深入的探究。此后,李幼蒸、赵毅衡、胡壮麟、丁尔苏、王铭玉等中国学者,也在译介西方符号学理论的基础上,从语言学、文艺学、传播学、文化学等不同的维度,展开了符号学研究。在这些丰硕的研究成果中,虽然

---

① 黄寿祺,张善文.周易译注[M].上海:上海古籍出版社,2016:24.

附录一　反思与建构：关于精神文化符号学的几点设想

不乏中国学者的真知灼见，但大多数是对国外符号学理论的阐释和研究，尚未探索构建基于中国传统文化基础之上的符号学体系。李幼蒸先生的《仁学与符号学》主要是试图借助于符号学研究方法，提出构建"新仁学"理论的创想，而并非是创建新型的符号学理论本身。

浙江大学的李思屈教授曾撰文"精神符号学导论"，努力构建以"精神价值研究"为核心的符号学体系。他的研究基础依然是西方符号学研究的路径，把符号学作为研究意义的学科，只不过他将符号的"意义"分为了两种，即"指称性意义"与"价值性意义"。李思屈教授认为，精神符号学主要侧重于研究符号的"价值性意义"，即揭示符号的精神价值。他甚至指出，人与动物都能够从事符号活动，但"作为精神世界表征的符号行为则为人类所特有"[1]。显然，李教授研究的是符号本身的精神内涵，他仍然是借助了卡西尔、黑格尔、怀特海、西比奥克等人的符号学思想，来阐释精神符号学研究的对象和任务。尽管在文章中，李教授提出了"以《周易》符号学思想挖掘为基础的东方符号学体系建立"，但是究竟如何实现这一设想，如何像李教授所说"从'道'与'逻各斯'之别来辨别东西方符号学思想框架的异同"等，众多问题尚未展开[2]。

《道德经》第一章明确指出，人类的认知模式应该有两种，即"故常无欲，以观其妙；常有欲，以观其徼"[3]。现代符号学研究注重科学思维，也就是老子所说的"常有欲，以观其徼"的认知模式。应该承认，符号学的科学思维、逻辑演绎、概念分析等模式对人类认识世界产生了很大影响。然而，这种思维方式却存在着很大的缺憾，因为至少对认知世界的另一种模式论述较为缺乏，即"象"思维模式。"象"思维与我们通常所说的形象思维，既有相通之处，又有极大的区别。因为前者没有"人为"的主观模仿因素，却能够揭示"天"之道，而后者则是形象化了的"人为"模仿或表现模式。它不是与科学思维相对立的，而是与科学思维的叠加和

---

[1] 李思屈. 精神符号学导论 [J]. 中外文化与文论. 2015 (3)：10.
[2] 李思屈. 精神符号学导论 [J]. 中外文化与文论. 2015 (3)：18.
[3] 陈鼓应. 老子今注今译 [M]. 北京：商务印书馆，2003：75.

融合，甚至大于科学思维。《周易》第一次提出了"象"与"意"的关系，"象"能够"言"所不尽之"意"。"象"不是为了对现实世界的模仿，而是为了显示"意"无法表达的世界。这种"象"思维使得"无为"反而能够"无所不为"，与科学思维相融合，体现出"天理"，即"天人合一"之道，让符号学研究更具人文气息。

如果说科学思维主要是"人为"的因素，那么"象"思维则是"天"及其之"道"的反映。两者的融合正好是"天人合一"。李泽厚、刘纲纪共同主编的《中国美学史》的绪论中就把中国古典美学的基本特征归纳为美与善、情与理、认知与直觉、人与自然的统一，倡导人与人之间的博爱，其实，从中国传统认知模式来看，任何符号都是"天人合一"的产物，不可避免地具有一定的人类社会文化特征，这也是人类符号活动迥异于动物的根本之所在。

因此，任何符号活动的精神联系必然与社会的文化活动相关联，也不可能脱离人类的社会文化。显然，研究符号活动精神联系的符号学必然是文化的。既不存在脱离文化的精神符号学，也不可能有缺乏精神联系的文化符号学。因此，构建精神文化符号学的设想也就产生了，这也避免了容易把这里的"精神"，理解为弗洛伊德"精神分析"中的科学意义上的"精神"。简而言之，精神文化符号学就是指，研究作为文化现象的符号活动及其内在精神联系的理论。

精神文化符号学的研究任务是，在符号与表征对象、符号与人、符号相互之间，发掘内在的精神联系，而不是仅仅揭示符号本身内在的精神价值。例如，"生活"一词作为语言符号，指称人的实际生存状况，这是一般"指称"。当我们说，不能够仅仅是"活着"，而要真正"生活着"，这里就强调了符号自身的精神价值，即"有意义地活着"。然而，精神文化符号学要研究的是"实际生活场景"与"生活"一词之间的多元化精神联系。一般来说，或许对于商人来说，"挣钱多的活法"就是"生活"，即"有意义地活着"；但也许就学者而言，"学术成果被认可的现实"就是"生活"；在一个为理想而奋斗的人来说，"为理想而斗争"就是"生活"，等。每一种对"生活"一词的阐释都是有具体意义的,阐释则是没有穷尽的,即"无"。在这"无"的背后又反映出"有"或曰"道",即可以对"生活"在顺应自然的状态下自由解释,解放该词本身的意义。

显然,从空间上来看,精神文化符号学不是要"人为"确定符号表征的具体意义,而是要尽可能多地揭示意义的可能性,把看似简单的现象复杂化,表明"人为"的有限性而"无为"的无限性,即"天"。从时间上看,在精神文化符号学那里,"天"又体现为变化的无限性,"人为"的局限性。符号与其对象的关系是在不断变化的。在不同的历史时期,"现实场景"与"生活"一词内涵之间的符号对应关系也是各不相同的。其实,每个人对"生活"的不同理解都会导致不同的意义,符号与表征对象之间的精神联系是多元的,甚至可能是无限的,但也不会离开自然的轨道。

精神文化符号学并非是要像解构主义那样消解意义,而是追求"有为"中的"无为","无为"中的"有为",从而更深层次地呈现出无限的"天"及其难以言说的"道",即"天理"或曰"宇宙之理"。这也就实现了中国传统认知模式"天人合一"的思想,"天"与"人"的相互融合,即"天"在"人"心中,"人"融化在"天"里,"天"之道又反过来影响着"人"。

实际上,符号是人类社会精神文化活动的产物,符号学也应该从精神文化联系入手,开启自身的符号研究之旅。这就是精神文化符号学的主要任务和所追求的目标。

二、符号学边界:研究方法论的价值

一般说来,任何学科的定义往往来源于对本学科主要研究对象及其关系的阐释,在此基础上再进一步界定本学科的内涵,符号学的定义也是如此。在俄罗斯科学院语言研究所编辑的高校教材《符号学》中,第一讲"论符号学的研究对象:符号学是一门科学吗?"就明确写道:"哪怕尚未阅读过任何符号学文章和著作的普通人,都会知道,符号学是'一门关于符号和符号体系的科学'"①。

然而,由于符号自身特征的宽泛性和变化性,涉及的领域几乎是无边无际的。符号本身的素材是完全没有限制的(文字、声音、颜色、图像、光亮、数字、信号等任何标记)。符号可以标记任何所需指涉的事物,具有空间性和时间性。因此,如果按照惯用的方法加以定义,几乎所有的学科都无一例外地可以属于符号学,例如数学、物理、化学都离不开符号活动,每一种化学元素都是用一个符号来标明的,数学更是符号与符号之间的计算等。

其实,符号学界也有不少学者清楚地意识到这一点,便回避了仅仅从主要研究对象及其关系来定义符号学的做法,试图从研究的范围和传播的过程来加以阐释,把符号学视为是一门研究信息及其意义传播领域的学科。斯捷潘诺夫在《符号学文选》一书序言的开头就指出:"符号学的研究对象遍布各个领域——语言、数学、文艺,包括单部文学作品、建筑艺术、绘画设计,还涉及家庭组织以及各种下意识的活动,涵盖了动物世界、植物生长。然而,无论如何符号学涉足的直接领域就是信息化体系,也就是信息传播系统,这一系统的基本核心就是符号体系。"②

显而易见,这一定义虽然增加了信息意义的传播过程,把符号学研究视为是一个动态的体系,但也很难概括出符号学自身的学科特征,甚至在一定程度上又回到了原先的符号学概念,即符号学是研究符号及其体系的学科。因为许多学科都是研究信息意义及其传播的,例如历史是阐释人类社会进程具体事件的信息意义及其传播的;文艺学是以文学创作为对象,揭示文学基本规律和创作意义的生成及传播的学科;新闻学更是研究信息意义的产生及其传播过程的学问等。如果所有的学科都属于符号学的研究范围,符号学也就什么都不是了,就没有自身的学科个性特征了。符号学

---

① Евена Сергеевна Никитина. СЕМИОТИКА [M]. Москва: Академнвеский Лроект, 2006: 5.

② Сергеевич Степанов. Семиотика: Антология [M]. Москва: Академический проект, 2001: 5.

附录一 反思与建构:关于精神文化符号学的几点设想

不可能是无边的,就如同其他学科一样,符号学需要自己的学术边界。

长期以来,学界关于符号学的定义众说纷纭,研究的侧重点也不尽相同,但是大多数学者均是努力用科学思维的方式,也就是寻找共性特征的归纳演绎方法,给予符号学以明确的定义,而任何定义又都是难以规定符号学性质的。因此,符号学研究的各个分支便蜂拥而出,学者们从语言、文学、社会、宗教、文化、传媒等各自不同的路径,努力通过科学归纳的方法,来揭示各自研究领域中符号的意义。这样一来,与此相关的语言符号学、文学符号学、社会符号学、宗教符号学、文化符号学、传媒符号学等便先后产生,甚至还有更为细分的,如存在符号学、音乐符号学、马戏符号学等。

然而,符号学无疑又必须有自己统一的定义,尽管任何科学化的确定意义都有可能被重新阐释。查尔斯·威廉·莫里斯(Charles W. Morris)曾经明确指出:"符号学与科学的关系存在着两个方面:一方面,符号学——这是与其他科学并列的一门科学,而另一方面,这是科学研究的方法"[1]。以往学界对符号学的定义,主要把符号学作为是与其他科学并列的一门科学加以阐释的。鉴于符号学自身的跨学科性质,这种区分就很难实现,必然会导致与其他科学特征交叉相融的状况。其实,如果从莫里斯说的第二个方面入手,或许不仅可以对符号学自身的个性有所定义,又能够揭示符号学的方法论特征。

符号学与其他科学一样,确实是揭示研究对象的意义及其传播的,但是符号学研究符号意义的方法与其他学科是迥然不同的。总的说来,自然科学在探讨符号的意义时,往往是"能指"与"所指"一一对应的,非常清晰和确定,容不得模棱两可。语言学更接近于自然科学,根据索绪尔的定义,语言符号就是"能指"与"所指"的对应。历史、哲学、政治、宗教、法学、经济学、新闻学等其他社会科学基本上也是如此,否则意义的传达就会产生歧义。只有包括文学在内的艺术创作是例外,文艺符号传达

---

[1] Morris, C. W. Foundations of the Theory of Signs [M]. Chicago: The University of Chicago Press, 1938: 2.

出的更多是审美感知，是模糊的，尤其是音乐符号传递出的信息和意义更加如此。然而，无论是艺术家的创作，还是文艺批评家的评论，从主观上来说，还是努力传达出一种主旋律的，尽管读者或观众会产生不同的理解和阐释。

爱沙尼亚塔尔图大学符号学系主任的凯勒维·库尔（Kalevi Kull）教授在2008年美洲符号学第三十三届年会上就强调，符号学研究就是为了让世界变得多元。

实际上，库尔说出的就是符号学研究的方法论特征。符号学的研究方法就是，要在一个符号上发掘出尽可能多的意义，如果这个符号是一个文学文本，那么就是要发掘文本的可阐释空间，甚至文本的意义再生机制。可以说，符号学就是一门研究符号多元化意义的科学，即以多维度的视角和方法来揭示符号无限意义的科学。精神文化符号学就是要在纷繁复杂的社会文化世界中，探寻符号与其对象、符号与人以及符号相互之间的多元化精神联系。总之，凡是以揭示符号多元意义为己任，用多元解读的思维方式，从事符号研究的科学才是符号学。从这个意义上说，索绪尔的语言符号学实际上更偏向语言学，而不是符号学，只是其理论中涉及了语言符号的概念，最多是符号学知识在语言研究中的应用。现代符号学的建立与发展，应该是建立在皮尔斯的三分法和莫里斯的理论阐释基础之上的。

从中国古典哲学及其美学思想来看，符号学研究的边界应该是人类社会的更为完美的认知模式，即"有无相生"的认知模式。《道德经》第四十章进一步写道："天下万物生于有，有生于无"[1]。离开了"无"，谈"有"，不能真正发现事物真相，只能够局限于部分；而离开了"有"谈"无"将一无所获。只有两者合一，才能真正做到"道常无为而无不为"[2]。其实，《周易》里提及的"象"包含了"意"和"言"无法穷尽的内涵。"象"是对现实的非言说的形象化反映，包括了"言"而又不局限于

---

[1] 老子道德经注[M]. 王弼，注. 楼宇烈，校释. 北京：中华书局，2008：20.
[2] 同上，90页。

"言"，表达着无穷的"意"。因此，离开了"象"思维的科学思维是不完整的，同样离开了科学思维，"象"思维也就会变成虚无缥缈的玄学。

多元化的方法论特征就是符号学的学科边界，但"多元解构"并非是为了表明意义的虚无，而是为了达到"万物与我为一"的自由境界，就是要在无限多的意义中，感知意义的自由及其内涵的"道"。从微观上看，符号学的每一种研究维度和方法都是科学思维的"识知"或"思知"，而从宏观上看，在多元化的研究之上，甚至无限的研究维度中则可以达到对符号世界"体知"（embodiment cognition）的境界。

三、符号学理想：无为而无不为

任何学科都具有自己追求的学术理想，精神文化符号学也是如此。这种学术理想就是要解放符号的意义，把外在的每一种意义阐释都视为只是多元阐释中的一种，还符号以自由，从而展示符号意义的"无"，即意义的无限多，并从中感悟到宇宙之"道"。这一思想的哲学和美学基础，早在公元前两百多年以前，就已经存在于中国古代思想家庄子的哲学和美学思想中了。"庄子哲学力求消除人的异化，达到个体的自由和无限，而异化的消除，个体的自由和无限的实现正是美之为美的本质所在，也是解决'美之谜'的关键所在"[①]。庄子的最终目的是要把人类的生活与宇宙的无限相关联，强调无限的观念，使得人的自由和精神达到不为外力所束缚的独立境界。符号学研究对意义解放的价值是显而易见的，甚至超越了符号研究本身。

在精神文化符号学那里，符号的表征对象不是一个没有生命力的"个体"，而是活生生的"个性"。任何试图给符号以确定意义的研究都是在约束作为"个性"的符号自由，只能在特定的文化语境中对符号进行局部意义的阐释，同时还限定了符号的自由及其生命力，给符号套牢了枷锁。每

---

① 李泽厚，刘纲纪. 中国美学史：第一卷 [M]. 北京：中国社会科学出版社，1984：240.

一次阐释就是一次制约，都是在把复杂的问题简单化。凡是能够把看似简单的符号作为复杂的"个性"进行解读，把每一次阐释均作为在不断地发掘符号的可阐释空间，这才是与符号学研究理想相一致的研究。例如，对《红楼梦》这一文学经典的阐释，无论是把小说视为是贾宝玉与林黛玉的爱情故事，或者把这两位主人公的行为视为是对封建社会的反叛，还是揭示小说所宣扬的"四大皆空"的宗教思想，都只是对该文本可阐释空间的一种发掘。读者还可以进行不脱离文本的无限解读，从而给予文本以意义的自由。

符号学的研究目的不只是为了阐释符号本身或符号之间的关系或揭示符号运行变化的规律，而更主要是为了提升人的思维能力，拓展人的认知空间，让本应自由的人摆脱各种社会的、伦理的羁绊，自由地去思考。人的内在世界与外在的宇宙一样，都是无限的，因此人的认知可能也是无限的，对符号的阐释就是无限的。更何况在精神符号学的视野中符号是一个"个性"，其自身的变化也是难以穷尽的。

精神文化符号学研究的最终任务和目的就是，在精神文化交流中，努力在看似简单的符号标记上，发掘尽可能多的意义，甚至可以是无限多的意义，实现意义的多元化、世界的多极化。这也就是要从各种有限的符号意义揭示中，发掘符号意义的无限性，并由此感悟到宇宙之无限、世界之自由的道理。简而言之，这就是一个"有无相生"的过程，即从"有"至"无"，再回到"有"的历程，当然，后一个"有"不同于前者"有"，是只能"体知"和"感悟"的"道"。

其实，国际符号学学会的诞生本身，也是与多元化的思维方式以及争取自由的学术理想密切相关的。20世纪60年代中后期，特别是在1968年5月法国学生运动之后，西方思想界完成了由结构主义向解构主义的学术思潮转向，"去中心化"和"多元化"成为大多数学者追求的理想和目标。正是在这一背景下，国际符号学学会于1969年诞生，成为领导世界符号学研究的权威学术领导机构，同时创办了《符号学》杂志。显然，"多元化"

附录一　反思与建构：关于精神文化符号学的几点设想

不仅是符号学科学的"边界"，也是符号学研究的"初心"。中国符号学研究的兴起也是如此，中国语言与符号学研究会于1994年在苏州大学，是在我国改革开放之后，经历了十多年的探索才出现的。全英文的《中国符号学研究》期刊更是在2009年创刊它，它推动着我国的符号学事业朝着多元化的方向前进。

精神文化符号学的研究既得益于中西方学术思潮的影响，特别是中国的老庄学说和西方的解构主义，然而又不同于这两者，而是两者的相互融合。可以说，中国的传统文化是我们的根基，引进西方的学术视角，可以增强精神符号学研究论述的科学性。不过，精神文化符号学又迥异于西方的解构主义，其对意义的多元解读不是为了消解意义，也不只是为了对意义"遮蔽"的"去蔽"，而是要在揭示意义无限的同时，感受到无限背后的"道"，即隐藏在客观世界深层的自然规律。在老子看来，这种规律就是先于天地而存在并产生出天地的"道"。它与人的自由并非是相悖的，而是完全一致的。人只有顺应自然规律才能够获得自由，其个体生命才能获得高度发展，同时人也只有在充分自由的状态中才能感知"道"。个性的自由和客观的必然性、合目的性的完美融合才是最高的美。这也就达到了老子所说的："无为而无不为"的境界。

中国符号学研究要探索自己独特的研究路径，就必须立足于本民族的文化根基，以中国古典美学为依据，借鉴西方符号学研究的成果，把"有无相生"的思想、感悟式的"体知"方式与西方的科学归纳、演绎、推理等"思知"方式，有机地融合在一起。这也就是精神文化符号学的方法论特征。这一研究希望不仅有利于符号学研究新方法的拓展，更能够有利于增加符号学研究的精神文化维度，以便为人工智能时代科学技术迅猛发展带来的人类社会的精神危机和情感缺失，探寻值得借鉴的解困途径。

基于先秦哲学的精神文化符号学与自我管理

附录二 用心若镜与意义释放[①]

摘 要 精神文化符号学以庄子哲学思想中的"吾丧我"为基础,努力表明人类的认知活动并非只是作为主体的"我"对自然客体的认识,同时还存在另一种更值得关注的认知模式,即"丧我"。这种"丧我"并非完全排斥认知主体,而是认知主体超越理性层面,进入了一种更高的境界,把每一种理性认知只作为认识的一种可能,而并非绝对真理,从而拓展认知思维的空间,以达到像大自然那样无限的自由。本文正是基于这种自然主体论的观点,进一步阐明精神文化符号学的任务,就是要在主体间性的基础上,释放符号的意义,以实现回归自然,达到自由的理想境界。

关键词 精神文化符号学 主体间性 意义释放

长期以来,符号学研究的中心任务就是揭示符号的意义。然而,无论学界的探索多么科学,多么标新立异,也很难达成共识。问题究竟出现在哪里,是否探索本身就存在着误区,或许问题的提出就应该受到质疑?人类社会的科学研究往往是把主体对客体的认知及其关系,作为探索世界的主要路径,而主客体一致的结论则一般被视为是真理,在符号学研究中亦是如此。客观世界的符号化过程就更为复杂,符号学主要是对符号意义感知的研究。研究者主要是努力揭示符号表征客体对象的意义,不同的符号学派也因此观点迥异、各具特色。

然而,人类对世界的认知,仅仅是主体对客体的认识吗?符号学也只是揭示符号表征的意义吗?把世界分为主体与客体,这种二分法真的合理吗?精神文化符号学以庄子哲学思想中的"吾丧我"[②]为基础,从逆向分

[①] 张杰,余红兵."用心若镜"与意义释放——再论精神文化符号学的任务 [J].江海学刊,2022 (3):241-247.

[②] 陈鼓应.庄子今注今译 [M].北京:中华书局,2020:37.

析的视角，努力表明，人类的认知活动并非只是作为主体的"我"对自然客体的认识，同时还存在另一种更值得关注的认知模式，即"丧我"。这种"丧我"并非完全排斥认知主体，而是认知主体超越理性层面，进入了一种更高的境界。具体说来，人类的认知活动应该始于被视为客体的大自然，而并非人类主体。大自然的无限自由性给予人类以启发，由此人类必须尽可能回避"我"的认知片面性和局限性，把每一种理性认知只作为认识的一种可能，而并非绝对真理，从而拓展认知思维的空间，以达到像大自然那样无限的自由。与此相对应，在精神文化符号学看来，符号学的任务并非在于确定符号表征的意义，而是释放符号的意义，发掘符号意义的无限可阐释空间，还原符号意义的自然性，即自由。

究竟应该如何认识"丧我"的认知过程，即由所谓自然客体对人的主体产生交互作用？怎样才能让符号意义自由，回归自然呢？当然，首先必须重新认知自然客体。通常学界以为是客体的客观世界，实际上也是主体，任何与所谓客体的互动或认知，都是在与另一个主体对话。客观世界从来就不是消极地等待人类或某个主体去认识自身，而是在被感知的过程中，积极地反作用于人的主观世界。显然，符号也并非是认知主体（人）对客体对象（物）的意义表征，即符号化过程的产物，而是两个主体（人与物）相互感知作用的结果。

本文正是基于这种自然主体论的观点，以庄子的"吾丧我"思想为指导，进一步阐明精神文化符号学的任务，就是要在主体间性的基础上，释放符号的意义，以实现回归自然，达到自由的理想境界。

一、主体间性：走出主客体间性的羁绊

人文科学与自然科学研究方法的根本迥异之处，或许就在于重个体性与重普遍性。前者由于人的主体性的介入，往往是把看似简单的问题复杂化，以探索事物的可变性；后者则由于对人的主体性的排斥，尽可能是把复杂的世界简单化，以揭示客观的规律性。精神文化符号学属于人文学科，自然更加注重人的主体性和事物的个性化，只是在看待主体性问题上，又显示出与传统西方哲学迥异的独特性。

翻开西方哲学史，从古希腊哲学开始，主要探讨的问题就是人如何认识世界和自我的问题，而这一问题的研究又是建立在主客体二分法的基础之上，即认知主体对客体的认识，这一客体也可以是自我或他人。到了十九世纪，德国哲学家黑格尔力图打破传统的主客体二分法，在《精神现象学》中就努力表明"实体本质上即主体"。然而，黑格尔所探讨的是实体如何成为主体的过程，"就是人的意识经验如何克服实体与主体、存在与知识之间的对立或'不一致性'而使二者融合为一的过程"①。黑格尔主要是通过认知主体把认识对象，即实体，转化为认知自我，以此来克服主客体二分法。这实际上是认知主体的对象化，而并非给予客观实体以自身的主体性，因此还并未实现真正的主体间性。在黑格尔之后，胡塞尔、柏格森、荣格、海德格尔等哲学家均做过有益的探索，但都未实现客观实体自身的独立主体性。

早在战国晚期之后，大约秦汉之间，庄子在《齐物论》中就提出了"吾丧我"的思想。其实，庄子哲学的本体论并非强调主体对客体认知的"理"，而是凸显"道"，是关于"道"的学说。这种"道"也就是"从自然的无限和永恒上，去找到人类如何才能达到无限和自由的启示和秘密"。显然，在以庄子为代表的中国传统哲学思想中，对宇宙本体的认知是存而不论的，而是在探讨人类的生存和发展，如何才能够像大自然那样，达到无限的自由的境地。

精神文化符号学认为，从"理"的维度，人类是永远无法穷尽对世界的认识的，更不用说是符号意义的表征。只有从"道"的维度，才能探索让人的主体达到像大自然那样的无限自由，以"吾丧我"来释放符号的意义。人的主体只有与自然的客体处于完全平等的地位，也就是只有把所谓客体也视为可以与之对话的主体，就可以达到无限自由的"吾丧我"境

---

① 张世英. 中西文化与自我 [M]. 北京：人民出版社，2011：19.

界。当然,"吾丧我"并非是要把"吾"也"丧"掉,要"丧"的只是"我",也就是人的理性分析和归纳、演绎等,而保留了人的"直觉""无意识"和"平静的心态",甚至是对所谓客体的无限多的自由感知以及有意识赋予的生命力和主体性等。在这一点上,"吾丧我"又迥异于西方哲学中的非理性化哲学探索,"吾"中既有非理性的因素,也有理性的思维,只是这个"吾"按照"道"在探索,而不是为了达到某个局部真理的认知。

因此,在精神文化符号学看来,人的认知主体对外部世界的认识就不应该是一个主体对客体的探索过程,也并非是认知主体向客体的移情。人的主体应该处于一种"丧我"的平静心态,尽可能排除任何功利性的杂念,还原所谓客体以自然的生命和主体地位,使之能够处于平等对话的状态。只有在这一前提下,主体间性互动才有可能实现。显然,人的认知主体可以是单个的个性主体,也可以是人类的某个群体或者整个人类社会。外部世界既可以是相对于认知主体的任何个性或群体主体,也可以是任何自然物体(包括动植物)或前人创造的某个物体,甚至整个大自然界。

毫无疑问,外部世界如果是作为人的个体或社会群体,是可以与认知主体产生主体间性互动的。但外部世界要是某物或者自然界时,这种主体间性的活动又是怎样展开的呢?其实,任何由人创造的外部事物都是人类社会历史文化的产物,认知主体与外部事物的对话,就是在与前人对话。只是这种对话必须在"丧我"的情景中,才能够得以完成。例如,胡适先生曾经把中华文明称为"人力车"文明,而西方文明称为"汽车"文明。当胡适先生作为认知主体与"人力车"和"汽车"互动时,排除了自己是否需要坐人力车或汽车、它们哪个与自己的身份和利益更相关等功利的因素,才能够与之平等对话。在"人力车"与"汽车"之间,胡适才能够建立起超越功利的联系,即当时科学技术相对落后、人情味十足的"中国文明"与科学技术发达、缺乏人情味的"西方文明"之间的对话。当然,这种对话还可以是多维度的。

当认知主体与自然某物发生关系的时候,实际上也是在与自然界产生主体间性的对话活动。精神文化符号学认为，这不仅在于自然界万物皆是生生不息的生命体，即便是无生命活动的矿石、冰山、大海、江河等，也是自然界长期孕育的产物，可以与认知主体发生互动。然而，若要进入平等对话的境地，前提是必须要"丧我"，也就是要尽可能排除人类功利性的目的。人类在开发和利用这些资源时，这些自然界的物体也在积极与人类互动，甚至提示人类不仅是为了自身的利益需求要保护自然，而且人也是自然界的一员。自然界任何物体的地位与人应该是平等的，否则人将为此付出代价。也正是这种对话消解了人类中心主义，使得人与自然处于平等的对话关系中。

在符号学的研究中，无论是索绪尔关于"能指"与"所指"的符号二分法，还是皮尔斯的"对象""表现体"和"解释项"的三分法，均是把符号活动视为是认知主体对客体的意义表征。他们的符号学理论是建立在主客体二分法基础之上的，符号则是认知行为发出者或接受者的意义载体。从庄子哲学的"吾丧我"思想来看，西方符号学界的研究不仅没有"丧我"，而是从不同的维度强化"我"的作用，以揭示符号的意义。精神文化符号学以为，任何符号表征的所谓客体都不仅仅是一个"个体"，而是一个有生命力的"个性"。符号的表征是在认知主体与这些"个性"之间建立的联系。认知主体也只有在"丧我"的状态之中，才能够表征出这些"个性"的本质特征。如果把任何一部文学经典视为是一个文学符号，那么作家在创作中尽可能做到"丧我"，甚至违背自己的主观意识，往往能创作出传世经典。俄罗斯经典作家普希金在谈及自己创作诗体小说《叶甫盖尼·奥涅金》时，就曾感叹道，女主人公塔吉亚娜怎么就嫁人了？或许，这一文学形象之所以能够成为经典，恰恰在于普希金为了遵循生活的"道"，而"丧我"。同时，文学形象塔吉亚娜的原型就不只是一个"个体"，而是活生生的"个性"，她可以独立于作家而存在。

因此，符号学研究要达到真正把握和阐释符号意义的目的，并非要努力通过自我的"理"去分析归纳或演绎意义，而是要立足于"道"，即处世或学术之道，才能走出主客体间性的羁绊，实现真正的主体间性。

二、道理之分：转向符号意义自由的自然回归

任何科学研究都是通过理性分析，达到对所谓客体本质规律的认知，即真理的揭示。然而，无论这种理性分析多么正确，却又会被后人不断修正，甚至推翻和重新认知。符号意义的表征亦是如此，几乎很少有符号的意义可以一成不变的存在，往往不同的阐释者均可以站在自身的立场得出符合自己利益的阐释结论。

这就是"理"的局限性，一方面人的理性认识无论如何都不可能是完善的，另一方面这种认识又会受到各种权力话语和社会历史的限制，因为人不可能超越时空而存在。不仅如此，这种理性分析甚至还可能导致不同程度的误解。符号学研究应该促使符号意义回归自由和自然，而并非用各种理性思维去加以限定。按照海德格尔的说法，任何符号的表征都会出现"遮蔽"现象，即会产生歧义。对符号意义的揭示，其实是"去蔽"的过程。海德格尔对法国画家凡·高的油画《农鞋》做了本体论的阐释，把这幅画的价值视为是使得"农鞋"进入了无蔽的状态，表明了这一器具是什么。

精神文化符号学强调"道"，实际上就是要立足于庄子的"吾丧我"思想，主动放弃为理是从的"我"，让"吾"回归自然而自由的本真状态，从而完成对符号意义的释放，实现意义的自由。具体说，就是要排除任何可能干扰把握意义的因素，平心静气、"用心若镜"，让认知主体的心态回归自然状，才能感知符号的意义，给予意义以自由。

可以说，在20世纪西方的哲学美学探索中，克罗齐的"直觉表现"、弗洛伊德的"无意识"、荣格的"集体无意识"、柏格森的"生命冲动"等关于非理性化的论述，均表现出对"理"的局限性的认识，开展了对人的非理性化心理活动的探索。西方的理论家们大多数是努力在无意识层面，揭示心理活动的内驱力、自由状态，甚至是构建哲学体系。克罗齐把艺术视为是直觉的表现，柏格森在《创造进化论》中宣称最富有成效的哲学体

系均源自直觉的体系。弗洛伊德通过对无意识的研究，试图揭示人的心灵奥秘，甚至阐释人类社会发展的规律。拉康还通过幼儿对镜子中自我形象的反应，提出了著名的"镜子阶段"理论，揭示了幼儿从无语言的"想象态"如何转向学会语言的"象征态"。艾柯在自己的符号学研究中，也提出了与之相似的"照相阶段"。

显然，从无意识的维度来实现非理性化，不是一条理想的途径。因为既然是无意识，为什么这些理论家们会认识得如此清晰呢？如何突破无意识层面，在理性之中探寻对存在的直觉把握，就成为不少西方理论家追求的目标。胡塞尔提出的"本质直观说"，努力通过观察事物的"共相"，达到对存在本质的认识，把存在理解为人的意识之中的东西。海德格尔把"无"作为存在本身，以"敞开"的"去蔽"原则，使存在得以呈现。这些研究在很大程度上，确实避免了理性思维的片面性，把理性与非理性、建构与解构融合在一起。然而，由于他们均没有涉及认知主体的心境研究，均难以实现预期的理论目标。

然而，在中国传统的哲学思想中，认知者的主体性问题一直备受关注。庄子所说的"吾丧我"，并非是"吾"丧了"我"之后，成为一个无意识的"吾"，而是恰恰相反，"吾"是一个有意识的成年人，并且应成为一个"至人"，即具有主体人格的得"道"之人。也就是说，"吾"在有意识排斥代表"理"的"我"，不局限于某一种唯我的理性分析或推论，而是故意让各种理性分析同时存在、相互对话，达到"和而不同"的境地，"吾"则超然于上，并不局限于某一种"理"之中。因此，"吾"只有"丧我"之后，才能够成为得"道"的"至人"。

"吾"要得"道"，必须有一个重要的前提，这就是要心静，达到"用心若镜"的境界。这里的"镜"显然不同于拉康和艾柯那里的"镜子"或"照相"。拉康所说的"镜子"是用于检验幼儿是否具有自我意识的工具。幼儿在"镜子"中能够识别自我，就逐渐进入了有意识阶段。"用心若镜"则是一种比喻，是指心态要平静如镜子，无论外界发生什么，都不受影响，可以平静地对待和反映，不加任何歪曲。其实，中国传统文化中的

"修身养性"就是为了"用心若镜"。这并非是要返回幼儿的无意识阶段,而是在高度理性化的基础上,提升自我,不为功利所迷惑,从而达到一种"出世"的最佳心理状态。

在精神文化符号学看来,应该把"道"与"理"区分开来,"道"是一种探索世界、阐释符号的立场、态度和方式,一种让世界回归自然、意义重获自由的阐释路径。"理"则是一种分析、推理、演绎、归纳的思维方法,一种让世界归于理性、意义源于概括的理论方法。"理"必然会导致对符号意义的限制或误解,"道"则可以释放符号的意义,规避"理"对意义的缺失。为了达到"道"的境界,阐释者在面对符号的意义表征时,应该处于"用心若镜"的心境,站在"道"的高度,赋予符号尽可能多的意义解读。其实,每一种符号解读的方法都只是揭示了意义的一种可能性,意义是不可能穷尽的。

符号的世界是无限的,符号的意义更是无限的,难以把握的。据此,我们研究符号又有什么价值呢?精神文化符号学认为,符号意义解读的价值主要并非在于对符号意义的揭示或确定,而更重要在于提升意义的阐释者或接受者的思维能力,拓宽人们认识的维度,提升认知水平。符号意义的阐释者只有摆脱"理"的限制,在"丧我"的前提下,站在"道"的高度,"用心若镜"地看待符号及其表征的对象,让其意义重获自由,重返自然,从而实现对符号意义的真正领悟。

因此,精神文化符号学依据中国传统哲学思想,尤其是庄子哲学,提出符号学研究的主要任务就是让符号意义不受"理"的干预,不受各种文化权力话语的影响,回归自然,回归自由,还符号表征以本然状态。

三、意义释放:走向融合的"互依型"释义

任何一种理论或学说,自创立初期起,就一定会树立自己的终极目标和任务。精神文化符号学的任务就是要基于庄子哲学中的"吾丧我"思想,在主体间性的基础上,释放符号的意义。这种符号意义的揭示既是源

自于中国传统文化的深厚底蕴,又兼容并蓄西方哲学思想之精华,努力探索出一条融中西方符号学思想于一体的符号释义路径。

首先,在对主体的认识上,每个民族、每种文化均有自己的主体观。按照北京大学张世英教授的观点,"都有'我们'、'自我'和'他人'三种观念"。"中华传统文化的重要特点是重群体意识,以个人所属社会群体之'我们'占优先地位,此之中'自我'是'互依型自我'"。"西方传统文化,特别是文艺复兴以后,其特点是以'自我'占优先地位……是'独立型自我'",而"他人优先"则是当代哲学家莱维纳斯(E. Levinas, 1906~1995)反对西方"自我专制主义"而提出来的[①]。因此,庄子哲学思想中的"吾丧我",真正要"丧"的是作为个性的"我",也就是在对符号表征意义的认识中,要尽量避免个人的主观意识的干扰,以达到从"道"的高度,把握作为群体的"我们"的意义综合体。每一个"我"的释义都仅仅是一种阐释,哪怕是这些"我"的认识是相互矛盾的,都可以"和而不同"地互相依存。这就是中华文化的包容性和群体性,也是在"道理"一词中,"道"先于"理"之原因所在。

其次,在对待每一个所谓客体时,精神文化符号学又借鉴了西方传统文化以"自我"优先的主体观,把每一个符号表征的个体视为是"独立型自我"的个性。"个性"与"个体"虽然只有一字之差,却赋予了其生命力,可以独立于阐释者"我"的主观控制。显然,人文科学研究迥异于自然科学的最主要特征就是注重个性和差异,而自然科学则强调普遍性和规律性。从自然之物转化为人文之物的两个重要条件就是人文性和时间性。在对符号意义的阐释中,精神文化符号学努力让自然之物转化为人文之物,给以符号及其对象以人文性和历史感,不再让自然科学与人文科学相"疏离",而是回归人文。

显然,中华传统文化中的"天人合一"的思想,不仅包含着每一个个性之间融为一体的"互依型自我"的群体意识,还体现着人与自然相融合,

---

① 张世英. 中西文化与自我 [M]. 北京:人民出版社,2011:2-3.

天地与人合一的观念。或许是因为过分的"群体"意识，而使得作为个性的"自我"在中华传统文化中得以压抑。西方的以个性"自我"为核心的思想，也有利于唤醒中华民族中每一个个性的主体性意识，以个性的进一步自由解放，赢得中华文化未来的辉煌。

其实，在精神文化符号学看来，任何符号的释义都不只是在对符号表征与对象之间对应关系的揭示，而是一种符号意义的释放，即从不同维度对符号意义尽可能多的发掘，拓展符号的无限可阐释空间。同时，这种意义的释放又更应该看成是人性的解放，个性的自由。显然，个性又迥异于个人主义，前者是人格独立的自我，富有创造力，而后者则是自私自利的自我，缺乏为他人的创造力。在中国传统文化中，道家学说较儒家来说，更加重视个性。无论是孔子的"仁者爱人"，还是孟子的"万物皆备于我"等，都并不强调对他人"个性"的尊重。

文学艺术的创作往往被视为是获取自由和个性解放的理想途径，艺术形象可以使得读者与现实产生距离，以艺术审美的方式超越理性分析，达到一定程度上的"丧我"，从而进入阅读自由的状态。俄国著名抽象派画家康定斯基（Wassily Kandinsky）就在《艺术中的精神》一书中强调，艺术精神就是一股力量，一股让人类永远向上的精神，把人的精神从外在的自然形式中解放出来，达到自由的境地。柏格森曾经写道："当我们的动作出自我们整个人格时，当动作把人格表现出来，当动作与人格之间有着那种不可言状的相像，如同艺术家与其作品之间有时所有的那样时，我们就是自由的"[①]。列夫·托尔斯泰在构思长篇小说《安娜·卡列尼娜》时，是处于19世纪下半期俄罗斯社会的伦理道德环境中的。作家最初计划把安娜写成一位"不贞洁"的女性。但是，随着文学创作与现实的间离，主人公安娜渐渐在作家笔下获得了自由，成为一位极具人格魅力的女性形象。此时，读者在阅读中也摆脱了自己所处社会现实伦理环境的限制，让自己返回自然状态，虽然不能说是达到了"用心若镜"，但毕竟是以旁观者的

---

① 柏格森. 时间与自由意志 [M]. 吴士栋，译. 北京：商务印书馆，2009：128.

审美视角来欣赏的，可以与安娜展开平等的主体间性对话，对安娜的行为能够自由阐释，因此更容易理解安娜的所作所为，认为她是一位追求新生活的女性。因此，安娜这一形象的意义就被释放出来。

精神文化符号学努力融合中西方两种传统文化的主体观，取长补短。中华民族传统文化中的"互依型自我"是我们的基础和出发点，因此以"我们"为核心的群体意识是必须坚持的。同时，西方传统文化中的"独立型自我"，即重"自我"和"他人"的个性，又是我们应该加以借鉴的。精神文化符号学在"天人合一"的基础上，不仅注重主观世界中群体的"互依型"，也关注每一个主体的"独立型"，更是把所谓的客体或者客观世界，视为是具有生命力的主体，即由众多独立"个性"组成的。精神文化符号学的任务就是要在这样一个充满生命互动的世界里，在不同主体的相互联系或曰主体间性中，释放符号的意义，而不是确定符号意义的表征。

附三　彼得·德鲁克的自我管理理论[①]

在悠远而浩瀚的历史长河中，我们可以看到许多杰出人物，例如莱昂纳多·达·芬奇和沃尔夫冈·阿玛多伊斯·莫扎特。他们不仅以超群的天赋和非凡的才华照亮了人类的艺术殿堂，更以其独到的自我管理精神，在人类历史的天空中划下了浓墨重彩的一笔。他们的自我管理能力，就像他们创作的艺术作品一样，充满了严谨和秩序，而这种严谨和秩序，正是他们自我管理能力的最好体现。他们的故事，就像一部部生动的历史教科书，告诉我们，只有通过精湛的自我管理，才能实现人生的伟大和辉煌。

我们所处的时代，无疑是一个孕育着无尽潜力的时代。在这个时代里，只要心怀壮志，无论起点如何，个体都有机会沿着自我规划的道路，勇攀事业的高峰。在机遇与责任并行的当下，我们注意到，当前的企业在员工职业发展方面的关注尚显不足。因此，知识工作者需自觉成为自身职业生涯的掌舵者，积极在企业中开辟专属领域，敏锐捕捉转型的契机，并在长达数十年的职业生涯中，持续奋斗，追求卓越，以期铸就辉煌的业绩。

为实现卓越成果，首要之务是对自我进行深入剖析：明确自身的优势与局限，理解个人的学习模式以及与同事协作的方式，同时明晰个人的价值观以及最能发挥影响力的领域。只有当我们的工作建立于自身优势之上，方能真正脱颖而出。因此，自我提升是必经之路，我们需洞察自身潜力所在，以最大化贡献。如同雕塑家精心雕琢石材以展现其最美形态，我们也应在自我管理的征程中，雕琢出独特的自我，成就非凡之作。

[①] 节选并改编自：德鲁克. 21世纪的管理挑战：第6章[M]. 朱雁斌，译. 北京：机械工业出版社，2006.

基于先秦哲学的精神文化符号学与自我管理

一、我的优势是什么？

众多个体常自诩对自己的优势有深刻洞察，然而，实际情况往往并非如此。在大多数情况下，个体对于自身的短板尚且缺乏清晰认知，更遑论对优势的全面把握。为了真正在人生道路上取得显著成就，我们必须依托并发扬个人的长处。若从事自身并不擅长的职业，实现卓越成果的难度将大大增加，更不必提及那些完全无法胜任的领域。

在过去，人们没有迫切需要去探索自己的长处，因为一个人的出生往往决定了他的社会地位和职业道路：农民的儿子长大后也会成为农民，工匠的女儿可能会嫁给另一个工匠，如此循环往复。然而，在当今社会，我们拥有了选择的自由。为了找到自己的位置，我们需要深刻认识自己的长处，因为只有了解自己的优势，我们才能找到适合自己的道路，才能在人生的舞台上大放异彩。

探寻个人长处的秘诀，便在于运用回馈分析法（feedback analysis）。在每一个重要决策的关头，或是在采取每一个关键行动之前，你都可以预先记录下自己对结果的预期。经过9~12个月的沉淀之后，再将实际成果与当初的预期进行对比，以此揭示自我潜能的宝藏。我本人便是这一方法的忠实实践者，已历经15~20年的磨砺，而每一次的运用都带给我新的发现和惊喜。例如，回馈分析法让我意识到，在直觉上，我能够轻松地理解各类专业技术人员，无论是工程师、会计师还是市场研究员。这一发现令我深感意外，同时也揭示了我与那些广泛涉猎的通才之间缺乏共鸣。

我们只要持之以恒地运用这个简单的方法，就能在较短的时间内（或许只需两三年），发现自己的长处——这是你需要知道的最重要的事情。在采用这种方法之后，你就能洞察哪些自己正在做（或没有做）的事情会让你的长处无法发挥出来。同时，你也将看到自己在哪些方面能力并非特别突出。最后，你还将了解到自己在哪些方面完全不擅长，难以取得成就。根据回馈分析的启示，你需要在几个方面采取行动。首先，专注于那些能够发挥你长处的工作和角色。其次，提升那些能力尚可但非你所长的领域。最后，避免涉足那些你完全不擅长的领域，以免徒劳无益。通过这样的策略，你将能够更加明智地规划自己的职业道路，迈向卓越的巅峰。

根据回馈分析的启示，你需要在几方面采取行动：

1. 将全部精力集中起来，最大限度地发挥你的优势，这一点极其重要。

为了实现这一目标，你需要主动选择并投身于那些能够充分展示你自身优势和特长的领域。只有这样，你才能在这个领域中如鱼得水，游刃有余地发挥你的才华和能力，从而取得更好的成绩和发展。因此，在选择职业、工作和生活中，要时刻关注自己的优势，并努力寻求与之相匹配的环境，这样才能更好地实现自我价值。

2. 努力增强你的优势。

回馈分析就像是一位智慧的导师，它能够迅速地揭示出你在哪些方面需要提高自己的技能或者吸收新的知识。这就像是在你面前摆放了一面明镜，清晰地映照出你在知识体系中的不足和漏洞。而这些不足和漏洞，往往可以通过你的努力和勤奋来填补。

通过回馈分析，我们可以准确地识别出那些需要我们去学习和改进的领域。这就像是在知识的海洋中，为我们指引了方向，让我们能够更加有目的地去学习和探索。这样，我们就能够在知识的海洋中航行得更远，不断地增强自己的优势，从而达到更高的成就。

总的来说，回馈分析是一种非常重要的学习工具，它可以帮助我们识别出需要改进的领域，也可以激励我们去学习和进步。通过回馈分析，我们可以不断地提高自己的技能和知识，从而在人生的道路上走得更远，达到更高的成就。

3. 发现在哪些方面存在井底之蛙的傲慢倾向。

对于许多人而言，特别是那些在特定领域具备专业技能的个体，识别并克服由自负所产生的偏见与无知显得尤为重要。他们常对其他领域的知识持有轻视态度，或错误地认为单凭智力即可替代真正的知识。例如，众多卓越的工程师在处理人际事务时往往显得力不从心，并以此自诩为一种荣誉的象征——他们坚信，相较于习惯逻辑与秩序的工程师思维，人类行为显得过于纷乱无序。相应地，人力资源专家亦常以其缺乏基础会计知识或数量分析能力而自傲。然而，若人们为这种无知感到自豪，则无异于自我设限。实际上，为了充分发挥个人优势，我们应积极学习新技能、吸收新知识，以便在职业生涯中更加光彩夺目。

同样，纠正不良习惯也至关重要。所谓不良习惯，即那些影响工作效率与表现的日常行为，这些习惯在回馈分析中会迅速显现。例如，一位策划人员可能发现其精心策划的方案未能实现，原因在于缺乏持之以恒的执行。他们可能像众多才华横溢的个体一样，过分信赖创意的力量。然而，真正的变革推动者在于执行力，创意仅为执行提供方向与挖掘的指引。策划人员必须认识到，制定计划仅是起点，还需与他人合作、解释计划，并在实施前做出必要的调整与修改，最终决定计划的终止时机。

此外，回馈分析亦会揭示因缺乏礼貌所引发的问题。礼貌如同组织的润滑剂，能够减少人际交往中的摩擦，无论在人际还是物体之间均适用。礼貌实则简单，包括一声"请"和"谢谢"、记住他人名字、问候对方家人等细节。正是这些看似微小的细节，使得人们能够和谐共处，无论他们是否真正彼此欣赏。众多聪明人，尤其是年轻才俊，往往未能意识到这一点。若回馈分析显示某人在需要他人合作的事务上屡遭失败，则很可能表明其行为举止不够得体——即缺乏礼貌。

通过对比预期与实际结果，我们亦能发现自身无法胜任之事。每个人都有诸多全然不懂、毫无天赋的领域，在这些领域中我们甚至难以达到平庸水平。人们，尤其是知识工作者，不应尝试完成这些领域的工作与任务。他们应尽量减少在无法胜任的领域上浪费精力，因为从无能到平庸所需的努力远超过从一流到卓越所需的投入。然而，大多数人，特别是教师与教育机构，往往致力于将能力不足者培养至合格水平。实际上，他们应将精力、资源与时间更多地投入将称职者培养至杰出水平的任务中，这样的投资回报将更为可观。

二、我如何做事？

在现代社会，尽管每个人都有一份自己的工作，但令人惊讶的是，很少有人对自己的日常工作流程有一个清晰而深入的认识。实际上，我们中的大多数甚至没有意识到，不同的人有着不同的工作风格和表现方式。当人们被迫以非习惯的方式工作时，他们往往很难取得预期的成就。对于知识工作者来说，了解自己的工作方式可能比了解自己的长处更为关键。就像个人的长处一样，一个人的工作方式也是独一无二的，它是由一个人的个性所决定的。无论个性是先天赋予的，还是后天培养的，它通常在一个人踏入职场之前就已经形成。正如一个人擅长什么、不擅长什么是既定的一样，一个人的工作方式也是基本固定的，它可以略微调整，但不可能完全改变——当然也不会轻易改变。而且，正如人们在自己最擅长的领域容易取得成就一样，如果他们采取了自己最擅长的工作方式，也更容易取得成功。

在大多数情况下，一个人的工作方式会被几个显著的个性特征所主导。首先，你需要明确的一点是，你是属于读者型还是听者型。所谓读者型，是指那些倾向于通过阅读来获取信息的人；而听者型，则是指那些倾向于通过倾听来获取信息的人。令人惊讶的是，很多人甚至不知道读者型和听者型的区别，更不用说同时具备这两种类型特征的人了。实际上，这两种类型的人在工作方式上有很大的差异。读者型的人更喜欢通过阅读来获取知识，他们通常具有较好的阅读能力和较高的理解力。而听者型的人则更喜欢通过倾听来获取信息，他们通常具有较好的听力能力和较高的记忆力。对于大多数人来说，他们更倾向于其中一种方式来获取信息。因此，了解自己是属于读者型还是听者型，对于提高工作效率和质量具有重要意义。如果你能清楚地认识到自己的类型，并根据自己的特点来调整工作方式，那么你将能够更好地发挥自己的优势，从而提高工作效果。

三、我如何学习？

在探讨学习成效时，我首先向众人询问："你们是如何进行学习的？"对此，大部分人都能提供明确的回答。然而，当我深入追问："你们是否基于这种学习认识，对自身的行为进行了相应的调整？"此时，能够肯定回答"是"的人却寥寥无几。实际上，知行合一历来被视为通往成功的重要途径；若认知与行动不能相辅相成，个体往往难以在事业上取得显著的突破和成就。

在个人成长的道路上，深刻了解个人的学习方式至关重要。然而，这仅是第一步。我们需明确认知自己如何有效地吸收知识和技能。值得注意的是，许多杰出的作家并非传统意义上的学术佼佼者，他们在学校环境中可能经历的是挑战而非乐趣，其根源往往在于学习体验的枯燥无味。这种现象可以归因于一个普遍规律，即擅长写作的人往往通过实践写作来学习，而非仅依赖听和读。然而，学校的环境往往限制了他们以这种方式学习，因此他们可能在学业上表现平平。

学校普遍秉持的理念是，存在一种普遍适用的最佳学习方式，所有学生都应遵循。然而，对于拥有独特学习风格的学生而言，被迫遵循学校规定的学习方式可能成为一种负担。事实上，学习的方式具有多样性，大致可分为六七种不同的类型。因此，理解并尊重每个人的学习差异，对于促进个人成长和学术成就至关重要。

例如，有些人通过制作详尽的笔记来深化学习。贝多芬留下了许多随笔小抄，尽管他说在实际作曲时从不看这些笔记。当被问及为何还要记下时，他回答说：如果我不立即写下来，我很快就会忘得一干二净。如果我把它们写到小本子上，我就永远不会忘记了，也用不着再看一眼。

再比如，另一些人则通过听自己讲话来学习。我认识一位公司总经理，他以其卓越的领导才能，成功地将一家原本平庸的小家族企业引领至行业领军地位。这位总经理的学习方式独特且显著，他倾向于通过讲话来进行自我提升。每周，他都会定期召集全体高层管理人员至其办公室，持续两至三小时，阐述其观点和见解。他常常就政策性问题进行深入探讨，并就每个问题提出三种不同的分析视角。在此过程中，他并不常鼓励同事们发表看法或提问，而是更侧重于让听众专注聆听他的讲话，以此作为他独特的学习方式。尽管这一学习模式在某些方面显得较为独特，但通过讲话来学习并非罕见，许多成功的出庭律师和诊断医师也采用了类似的方法。

因此，在个人自我认知的众多维度中，认识到并理解自己的学习方式，无疑是一项直接而又相对容易实现的内省过程。这不仅涉及我们如何吸收、处理和记忆新信息，还包括了我们如何通过不同的学习策略来优化学习效率。通过深入探索和反思自己的学习方式，我们可以更有效地掌握知识，提升技能，并在此过程中获得更深入的个人理解和发展。

四、我的价值观是什么？

在追求个人自我管理的道路上，一个核心的自省问题是："我的价值观是什么？"而对于衡量一个人的道德观念，我提议采用一种我称之为"镜子测试"的方法。具体而言，镜子测试的本质在于，它引导我们审视内心，询问自己："我渴望在每日清晨的镜中映现出怎样的自我形象？"需要明确的是，无论身处何种组织或情境，道德行为的标准应保持一致。然而，必须指出，道德仅仅是价值体系中的一个组成部分，尤其是在构建组织价值体系时，这一点尤为显著。

当一个组织的价值体系与个体的价值观存在显著差异时，个体往往会体验到挫败感，进而影响到其工作效率和成效。诚然，每家企业在运营过程中都需追求短期内的业绩成果。然而，在平衡短期成果与长期增长之间，每家企业都需明确其核心关注点。从更深层次看，这实际上反映了企业职能与管理层责任之间的价值观冲突。如同人类个体，组织亦拥有其独特的价值观。为在组织中实现个人成功，个体的价值观需与组织的价值观保持相对一致。尽管两者无需完全一致，但须达到一定的和谐度以确保双方能够共生共荣。否则，个体在组织内将不仅面临挫败感，更难以实现个人业绩的突破。个体的工作方式与自身优势往往相辅相成，但在某些情况下，其价值观可能与自身优势产生冲突。个体在事业上即便取得显著成就，若与其价值体系不符，其工作亦可能失去长期的动力和投入。在此情境下，个体所从事的工作或许并不值得其投入毕生精力，甚至可能无需过度投入。

多年前，我也曾不得不在自己的价值观和做得很成功的工作之间做出选择。20世纪30年代中期，我还是一个年轻人，在伦敦做投资银行业务，工作非常出色。这项工作显然能发挥我的长处。然而，我并不认为自己担任资产管理人是在做贡献。我认识到，我所重视的是对人的研究。我认为，一生忙于赚钱、死了成为墓地中的最大富翁没有任何意义。当时我没有钱，也没有任何就业前景。尽管当时大萧条仍在持续，我还是辞去了工作。这是一个正确的选择。换言之，价值观应该是最终的试金石。

五、我属于哪里？

对于"我属于哪里"这一深刻的问题，在漫长的人生旅程中，仅有极少数个体能够早早地洞察并明确自身的人生轨迹。对于多数个体，他们需要经历反复的探寻和尝试，直至步入二十五六岁的年华，方能逐步清晰勾勒出自身的前行之路。在此阶段，个体开始深刻认识到自身的兴趣所在及其在社会中扮演的角色，明确职业目标，并规划人生蓝图。此时的他们，如同在辽阔无垠的森林中寻觅到属于自己的道路，坚定地迈向未来。

对于那些勤勉、有能力但尚未显露锋芒的个体而言，确立准确的个人定位具有极其重要的意义。这样的定位如同磁石，能够吸引并引导个体摆脱平庸，在职场上闪耀如明星。一旦个体清晰地认识到自身的坐标，便会围绕这一定位持续努力，激发出最深沉的内在力量。当这种力量被充分激发时，便能在职场竞争中创造出卓越的成绩。成功并非一蹴而就，而是需要深思熟虑和持续努力。在此关键阶段，个体需要坚持不懈地钻研，不断汲取知识，勇于尝试和挑战自我，直至找到与自身特质相契合的独特定位。一旦确立这一位置，个体便能充分展现自身潜能和才华，释放出光芒和热量，进而在特定领域创造卓越成就，书写辉煌的篇章。

六、我能做出什么样的贡献？

在人类历史的漫长演进中，鲜少有人主动自省："我能够为社会贡献何种力量？"他们的角色与贡献往往由外部因素所界定，这些外部因素可能源于他们所从事的职业特性，或是基于与特定个体的依附关系。在过往的时代，人们多处于被动从属的地位，习惯于遵从他人的指令行事，这被视为理所当然的社会秩序。即便是在 20 世纪 50 到 60 年代，新兴的知识工作者，即所谓的"组织人"，亦期待公司的人事部门为他们铺设职业发展的道路。

在 20 世纪 60 年代末期，社会氛围悄然发生了转变，人们开始对被他人安排职业生涯的现状感到不满和反思。越来越多的人开始勇敢地发声，提出了那个时代标志性的问题："我想做什么？"这不仅仅是一个简单的疑问，而是他们对自我价值和人生道路的探索。这样的人坚信，只有依靠自己的力量，才能真正为社会做出贡献，实现个人的抱负，达到事业的成功。然而，现实往往比理想更为骨感，那些过于强调个人努力的人，往往发现单凭一己之力难以突破环境和资源的限制，难以实现自己的理想和目标。尽管如此，我们不能因此否定个人的努力和价值，重新回到过去那种被他人安排和决定生活的年代。

对于知识工作者来说，他们不得不提出一个前所未有的问题："我的贡献应该是什么？"以某新任医院院长的事迹为例，这位院长在接管一所久负盛名的大型医疗机构后，明确了其职责与目标。鉴于该医院在过去 30 年间凭借卓越的声誉和稳定运营，新院长深思熟虑后，立志在短期内为医院作出显著贡献。他特别聚焦于急诊室的优化，因为虽然该部门空间宽敌，但管理无序。因此，他制定了一项严格的服务标准，即确保每位进入急诊室的患者能在 60 秒内获得合格护士的接待。经过一年的努力与执行，该医院的急诊室服务质量显著提升，成为全美医院中的典范。随后，这一成功模式逐步推广至整个医院，经过两年的持续努力，整个医院的面貌焕然一新，焕发出新的活力与生机。

正如此例所示，设定过于遥远的目标既非实际可行，亦非高效之举。一般而言，若计划的时间跨度超出 18 个月，则难以确保其明确性和具体性。因此，多数情况下，我们应审慎考虑。首先，所设定的目标既应具备挑战性，又需确保在能力范围内实现。设定不切实际或仅在极小概率下可实现的目标，非但不能体现雄心壮志，反显愚昧之态。其次，这些目标应富有价值，能产生实质性影响。最终，所达成的成果需具体显著，并在条件允许的情况下予以量化。在确定个人能够提供的支持形式后，我们应明确期望达成的目标。一旦对预期成果有了清晰认识，即可着手制定详尽的行动方案。

七、对人际关系负责

除了少数伟大的艺术家、科学家和运动员，很少有人是靠自己单枪匹马而取得成果的。不管是组织成员还是个体职业者，大多数人都要与别人进行合作，并且是有效的合作。

要实现自我管理，你需要对自己的人际关系负起责任。这包括两部分内容：

1. 接受"别人是和你一样的个体"这个事实。

每个人都拥有独特的长处、工作方式和价值观。为了取得显著成效，你必须深入了解与你共事之人的这些特质。尽管这一道理看似简单，但实际上却很少有人真正给予足够的关注。

以一位擅长撰写报告的专业人士为例，他在职业生涯初期，由于首位上司偏好阅读，从而形成了编写详尽报告的习惯。然而，当他的工作环境

附三 彼得·德鲁克的自我管理理论

发生变动,新任上司更偏向于口头交流与倾听时,这位员工可能仍会坚持撰写详尽报告,尽管这些报告可能无法在新环境下获得相应的关注。这样的持续行为,有可能使新上司形成该员工缺乏智慧、能力或勤奋的负面印象,进而质疑其是否适合当前职位。

然而,若该员工能在新环境开始前,预先对新上司的偏好与工作风格进行深入研究与分析,上述误解与冲突原本是可以避免的。我们需明确,上司不仅代表组织结构图上的某个头衔或单一职能,他们是具备独立个性的个体,有权利依据自己最擅长的方式展开工作。因此,与上司共事的人员有责任去观察、理解并适应其工作风格,以配合上司实现最高效的工作效果。这便是有效"管理"上司的核心要义。

这种方法适用于所有与你共事的人。每个人都有他自己的做事方法,也有权按照自己的方式工作,而不是按照你的方式。重要的是他们能否取得成就以及他们持有什么样的价值观。至于工作方式,人各有异。提高效率的第一个秘诀是了解与你合作和你要依赖的人,以利用他们的长处、工作方式和价值观。工作关系应当既以工作为基础,也以人为基础。

2. 沟通责任。

在当前社会环境中,沟通已被赋予了不可或缺的责任地位。鉴于多数个体需在多元任务与职责交织的情境中与他人协同作业,以市场营销副总裁为例,尽管其在销售领域具备深厚的知识储备,但对于定价、广告、包装等领域的认知或许受限,因其并未直接涉足相关领域,因此,涉及这些领域的工作者有责任确保营销副总裁全面理解他们的工作目标、执行方法以及预期成果。若营销副总裁对这些专业知识领域的工作缺乏了解,主要责任应归咎于未能充分沟通的后者,而非营销副总裁本身。反之,营销副总裁的职责在于确保其团队成员及同事对其营销工作的理念有清晰的认识,包括其目标设定、工作策略,以及对团队成员的期望。

尽管部分个体已意识到承担人际关系责任的重要性,但在与同事的交流中仍显不足。他们担忧被视为轻率、无知或过分干涉，然而，这种担忧实则多余。过往经验表明，当个体向同事分享自己的专业知识、工作方式、价值观及计划贡献时，对方往往给予积极反馈："这对我极有帮助，你为何不早些告知我？"同样，当个体主动了解同事的专长、工作风格、价值观及计划贡献时，亦能收获类似的积极回应——根据我的经验，这种情况几乎无一例外。

实际上，知识型工作者应当积极与所有共事者——无论是下属、上级、同事还是团队成员——进行此类交流。而每次提出此类问题时，他们往往会得到这样的回应："感谢你的询问，你为何不早些向我询问？"如今，组织的基石已不再是单一的权威，而是建立在信任之上。这种信任并非基于个人的喜好，而是基于对彼此深入了解的基础上。因此，每位成员都需承担起对自己人际关系的责任，无论是公司内部成员、顾问、供应商还是经销商，都应对所有共事者负起这种沟通的责任。

八、管理后半生

在当今社会，随着知识工作逐步取代体力劳动成为主流，关于经理人中年危机的讨论日益增多，其中"厌倦"情绪尤为显著。许多经理人在年届45岁之际，已攀至职业生涯的巅峰，并对此有深刻认知。经过长达20年的职业生涯，他们已精通所从事的工作领域，然而，面对缺乏新挑战和满足感的工作状态，他们仍需继续前行，直至结束长达20至25年的职业道路。因此，越来越多的经理人开始通过自我管理，探索发展第二职业的路径。这一转变的途径主要涵盖三个方向。

首先，这种转变往往表现为在不同组织间的优雅过渡。例如，某大型企业的会计师可能转型为中型医院的财务总监。然而，更多的人选择追求全新的职业道路，如企业经理在政府中担任要职，或中层管理人员在为公司服务多年后，决定转行法律领域，成为小镇上备受尊敬的律师。

其次，由于在第一职业中可能遭遇的成就限制，有些人选择追求第二职业。他们凭借丰富的技能和经验，以及对工作方式的深刻理解，寻求新的社群和挑战。随着家庭结构的变化，如孩子们长大成人，他们更渴望新的挑战和激情，以填补家庭中的空缺。

再者，许多人选择发展平行的职业。在人生的旅途中，那些在第一职业中已取得显著成就的人，可能会选择继续从事原有工作，但同时开辟新的职业道路。此外，社会创业也成为许多人的选择，他们往往是在第一职业中取得成功的人士，渴望通过新的方式贡献社会。

然而，能够妥善管理后半生的人毕竟为数不多。更多的人可能会选择持续从事当前工作直至退休。但正是这些少数将漫长工作寿命视为自身和社会机会的男女，成为领袖和楷模。要实现后半生的有效管理，一个先决条件是必须在进入这一阶段之前便开始行动。我所认识的社会创业者，无一不是在原有事业达到顶峰之前，便开始了他们的第二事业。

在知识社会中，我们期望每个人都能取得成功，但这显然不切实际。对于许多人而言，避免失败已属不易。然而，成功与失败并存，拥有一个能够让人们贡献力量、发挥影响力或成为"大人物"的领域，不仅对个人至关重要，对家庭亦然。这意味着，人们需要寻找一个能够成为领袖、受到尊重并取得成功的第二领域——无论是第二职业、平行职业还是社会创业。尽管自我管理面临的挑战看似显而易见，但其答案可能并不简单。这需要个人，尤其是知识工作者，付出前所未有的努力。

在实质上，自我管理对于知识工作者而言，意味着在思维方式和行为准则上，都必须将自己视为一家微型企业的首席执行官。这不仅仅是一个比喻，而是一个根本性的转变。这种转变是从一个仅仅遵循他人指令，以体力劳动为主的劳动者，向一个以知识为基础，主动进行自我管理和决策的知识工作者。这种转变已经对社会的组织结构产生了深远的影响，它不仅改变了个体在工作中的角色和定位，也在更深层次上重新塑造了社会的运作方式和结构。这种自我管理的要求，对于知识工作者来说，是一种全新的挑战，也是一种全新的机遇。它要求我们在面对工作和生活的时候，要有更强的自我驱动力，更明确的自我目标，更有效的自我管理能力。这种自我管理的能力，不仅能够帮助我们在复杂多变的工作环境中，保持高效的工作状态，更能够在不断变化的社会环境中，保持清晰的人生目标和方向。